Majian Fei e Autori Vari.
Traduttrice: Verzì Irene

Standard delle competenze professionali per gli insegnanti di cinese per stranieri
国际中文教师专业能力标准
（意中对照）

Pubblicato da Associazione mondiale per l'insegnamento della lingua cinese

Certificato dal Centro per la cooperazione e gli scambi linguistici tra la Cina a ei Paesi esteri del Ministero dell'istruzione

Indice

Premessa / 1

Introduzione / 1

Standard delle competenze professionali per gli insegnanti internazionali della lingua cinese / 1

    1   Ambito di applicazione / 1

    2   Riferimenti normativi / 1

    3   Terminologia e definizioni / 1

    4   Concetti fondamentali / 2

    5   Contenuti di base / 3

    6   Raccomandazioni pratiche / 8

Allegato A   (Normativo)   Norme per la valutazione delle competenze professionali degli insegnanti internazionali della lingua cinese / 10

    A.1   Indicatori di valutazione / 10

    A.2   Criteri di certificazione / 11

    A.3   Ambito di certificazione / 25

    A.4   Modalità di certificazione / 25

Premessa

Conforme alle norme provvisorie GB/T 1.1-2020 "Guida alla standardizzazione - Parte 1: Struttura dei documenti e regole di redazione standardizzate".

Proposto dal Centro di cooperazione per gli scambi linguistici fra la Cina e l'estero del Ministero dell'Istruzione.

Gestito dall'Associazione Mondiale per l'Insegnamento della Lingua Cinese.

Pubblicato per la prima volta.

Enti redattori: Centro di Cooperazione per gli Scambi Linguistici fra Cina e l'Estero del Ministero dell'Istruzione, Università di Pechino, Università di Lingua e Cultura Cinese di Pechino, Università Normale di Tianjin, Istituto di Istruzione Internazionale della Lingua Cinese dell'Università Normale di Pechino, Centro di Pratica e Ricerca sull'Istruzione Internazionale della Lingua Cinese dell'Università delle Lingue Straniere di Dalian, Istituto di Cultura Internazionale della Lingua Cinese dell'Università Normale della Cina Orientale, Istituto di Istruzione degli Insegnanti della Lingua Cinese del Sud-Est Asiatico presso l'Università Normale della Cina Meridionale, Centro Talenti dell'Industria dei Metalli Non Ferrosi della Cina, Gruppo di Istruzione Minsheng, PPLingo Pte Ltd., Wuzhou Hanfeng Education Technology (Beijing) Co. Ltd., Wuzhou Hanfeng Network Technology (Beijing) Co., Ltd., Istituto di Ricerca sulla Storia della Cina della New Channel International Education Group Ltd., China Talent Education Group, Ltd., Istituto Confucio presso l'Università del Cairo in Egitto, Associazione degli Insegnanti della Lingua Cinese in Australia, Istituto Confucio presso l'Università di Manila nelle Filippine, Istituto di Ricerca sulla Collaborazione Culturale tra Corea e Cina, Istituto di Istruzione Internazionale della Lingua Cinese dell'Accademia Reale delle Scienze della Cambogia, Associazione per l'Istruzione Internazionale d'America, Koala Know LLC. presso gli Stati Uniti d'America, Istituto Confucio dell'Università di tecnologia di Durban in Sudafrica, Associazione per lo Sviluppo dei Giovani in Giappone, Istituto Confucio presso l'Università Chulalongkorn in Thailandia, Associazione degli Insegnanti e dell'Insegnamento della Lingua Cinese in Spagna, Crestar Education Group in Singapore, Associazione degli Insegnanti della Lingua Cinese nel Regno Unito.

Principali autori: Ma Jianfei, Zhao Guocheng, Song Yongbo, Zhao Yang, Ding Anqi, Feng Liping, Wang Tianmiao, Zhang Jie, Li Quan, Wu Yongyi, Chu Chengzhi, Gu Chuan Yu, Zhang Xinsheng, Zhu Luqian, Fang Xinxin, Zhao Yanqing, Wang Ganyi, Luo Yan, Li Yanan, Yu Yan, Yang Linjing.

Introduzione

Sulla base dello sviluppo e dei cambiamenti della didattica internazionale della lingua cinese e delle esigenze globali, in conformità con la "Legge della Repubblica Popolare Cinese sull'Istruzione" e la "Legge della Repubblica Popolare Cinese sull'Insegnamento", sulla base delle normative e dei curriculum relativi alla didattica della lingua cinese in ambito nazionale ed internazionale e degli standard di insegnamento, unitamente alle caratteristiche della didattica internazionale della lingua cinese, il Centro di Cooperazione per gli Scambi Linguistici fra Cina e l'Estero del Ministero dell'Istruzione, in collaborazione con 27 istituzioni di istruzione superiore, organismi sociali ed aziende di 13 Paesi, ha definito congiuntamente lo "Standard delle competenze professionali per gli insegnanti internazionali della lingua cinese" (di seguito denominato "Standard"), al fine di fornire una base per la formazione, la preparazione, la valutazione e la certificazione delle competenze e per lo sviluppo professionale degli insegnanti internazionali della lingua cinese.

Gli insegnanti internazionali della lingua cinese sono professionisti che insegnano il cinese come seconda lingua a livello globale. Essi hanno bisogno di ricevere una formazione ed una preparazione olistiche al fine di sviluppare una valida etica professionale ed un buon livello di competenze professionali, avviando un processo di sviluppo continuo della professionalità individuale. Lo "Standard" rappresenta i requisiti professionali di base per gli insegnanti internazionali della lingua cinese; stabilisce i criteri fondamentali per la pratica dell'insegnamento, oltre ai principali riferimenti per guidare il loro sviluppo professionale e costituisce, rispetto ai criteri generali di abilitazione degli insegnanti, uno standard di livello superiore.

Standard delle competenze professionali per gli insegnanti internazionali della lingua cinese

1 Ambito di applicazione

Nel presente documento sono stabiliti i requisiti professionali di base per i docenti internazionali della lingua cinese, inclusi terminologia e definizioni, concetti fondamentali, contenuti essenziali e suggerimenti per l'implementazione.

Esso si applica alla formazione, alla preparazione, alla certificazione delle competenze professionali, allo sviluppo professionale ed alla pianificazione della carriera dei docenti internazionali della lingua cinese. Esso può essere consultato ed applicato anche nella formazione di altri docenti e professionisti.

2 Riferimenti normativi

I testi a cui si fa riferimento nel presente documento sono essenziali per la sua applicazione. Dei documenti datati, è da considerarsi solo la versione indicata. In assenza di data, fa fede la versione più recente (comprese tutte le modifiche).

"Legge della Repubblica Popolare Cinese sull'Istruzione Obbligatoria"
"Legge della Repubblica Popolare Cinese sull'Insegnamento"
"Legge della Repubblica Popolare Cinese sulla Lingua Ufficiale Parlata e Scritta"
"Standard per l'Insegnamento della Lingua Cinese in ambito internazionale" (edizione 2012)
"Lista delle forme standard dei caratteri cinesi di uso comune"

3 Terminologia e definizioni

Nel presente documento sono usati i seguenti termini e nelle rispettive definizioni.

3.1 "Insegnamento della lingua cinese in ambito internazionale" (*Guoji Zhongwen Jiaoyu* 国际中文教育)

Insegnamento rivolto agli studenti della lingua cinese come seconda lingua.

3.2 Insegnanti internazionali della lingua cinese (*Guoji Zhongwen Jiaoshi* 国际中文教师)

Tutti gli insegnanti che si occupano di didattica internazionale della lingua cinese come seconda lingua.

4 Concetti fondamentali

4.1 L'etica professionale del docente come priorità

Rispettare l'etica della professione di docente e possedere l'ideale professionale dell'insegnamento della lingua cinese in ambito internazionale.

4.2 Il merito come presupposto

Essere in grado di combinare conoscenze nel campo dell'insegnamento internazionale della lingua cinese e competenze specialistiche nell'ambito della didattica, ed applicarle alla pratica dell'insegnamento. Possedere conoscenze sulla didattica, sulla lingua cinese e sulla linguistica generale, sulla cultura cinese e sulla attualità cinese, nonché sull'acquisizione della seconda lingua, che sono necessarie per l'insegnamento internazionale cinese. Avere competenze nell'insegnamento degli elementi fondamentali della lingua cinese, delle competenze linguistiche ed essere competenti nell'applicazione delle tecnologie educative. Essere in grado di pianificare le lezioni, selezionare ed utilizzare risorse didattiche, organizzare le lezioni, gestire la classe, valutare gli studenti e fornire riscontri, riflettere sull'insegnamento e garantire il completamento efficace delle attività didattiche.

4.3 Lo studente è alla base

Rispettare i ritmi di sviluppo degli studenti e le tempistiche dell'apprendimento della lingua cinese; proporre contenuti e modelli didattici, nell'ambito della didattica internazionale della lingua cinese, adatti alle loro caratteristiche; stimolare efficacemente il loro entusiasmo verso lo studio; aiutarli a raggiungere gli obiettivi di apprendimento della lingua cinese e promuoverne lo sviluppo.

4.4 Predisposizione alla comunicazione interculturale

Comprendere la cultura cinese e, allo stesso tempo, la diversità delle culture del mondo, rispettarle ed essere in grado di adottare strategie differenti per una comunicazione interculturale efficace.

4.5 Attenzione alla cooperazione

Possedere un'attitudine aperta ed inclusiva, ed uno spirito di gruppo; attribuire importanza alla formazione delle competenze relative all'apprendimento cooperativo degli studenti. Essere in grado di avviare la collaborazione con i colleghi, i genitori, la comunità e le altre parti interessate.

4.6 Apprendimento permanente

Essere predisposti all'apprendimento permanente e possedere capacità di crescita continua; studiare le teorie relative alla didattica internazionale della lingua cinese; essere al corrente delle tendenze di sviluppo della didattica internazionale della lingua cinese; elevare la propria efficacia professionale e realizzare uno sviluppo continuo nel proprio profilo professionale.

5 Contenuti di base

Le competenze professionali degli insegnanti internazionali della lingua cinese sono generalmente definite da cinque indicatori primari, tra cui: ideale professionale, conoscenze professionali, abilità professionali, pratiche professionali e crescita professionale; ci sono inoltre 16 indicatori secondari, come mostrato nella Figura 1 e poi descritti nella Tabella 1.

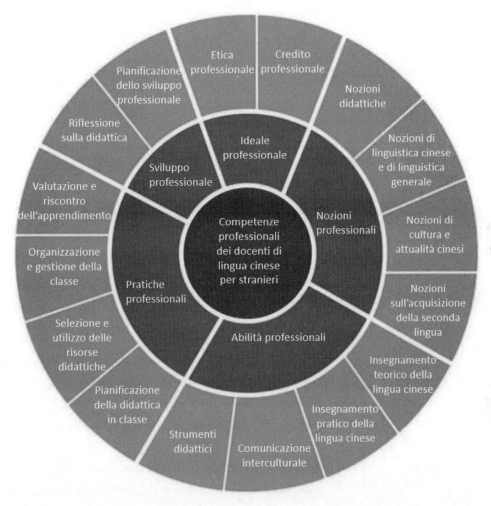

Figura 1 Struttura delle competenze professionali degli insegnanti internazionali della lingua cinese

• Standard delle competenze professionali per gli insegnanti di cinese per stranieri •

Tabella 1 Sistema di indicatori delle competenze professionali degli insegnanti internazionali della lingua cinese

Indicatori primari	Indicatori secondari	Descrizione dettagliata
Ideale professionale	Etica professionale	1. Rispettare l'etica della professione di insegnante internazionale della lingua cinese. 2. Comprendere le politiche e le norme linguistiche del Paese, dell'area e del distretto scolastico di appartenenza; ed implementarle nella didattica internazionale della lingua cinese. 3. Rispettare i regolamenti ed i protocolli della scuola di appartenenza e del relativo sistema di istruzione. 4. Rispettare i diritti e gli interessi degli studenti, e trattare in maniera equa ciascuno di essi.
	Credito professionale	1. Comprendere l'unicità e la specificità dell'insegnamento della lingua cinese in ambito internazionale, e riconoscere il valore professionale dei docenti internazionali della lingua cinese. 2. Rispettare il ritmo di sviluppo degli studenti ed i ritmi dello studio della lingua cinese, proponendo contenuti e modelli didattici adatti alle loro caratteristiche e specifici per l'insegnamento della lingua cinese in ambito internazionale. 3. Avere un'attitudine aperta ed inclusiva, rispettando le tradizioni culturali e le convenzioni sociali del Paese e dell'area in cui si svolge l'attività di insegnamento. 4. Disporre di spirito di gruppo, avviando la collaborazione con i colleghi, i famigliari, la comunità e le altre parti interessate.
Conoscenza professionale	Nozioni didattiche	1. Comprendere i principi fondamentali della pedagogia e della psicologia dell'educazione, padroneggiandone le relative conoscenze di base. 2. Comprendere le teorie relative alle scienze cognitive e dell'apprendimento, comprendendo le caratteristiche cognitive ed i modelli di sviluppo psicologico dei diversi studenti. 3. Essere in grado di applicare in maniera complessiva le proprie conoscenze didattico-educative per analizzare e risolvere le problematiche nell'ambito della didattica internazionale della lingua cinese.
	Conoscenza della linguistica cinese e della linguistica generale	1. Padroneggiare le nozioni di base della fonetica, del lessico e della grammatica cinese, ed essere in grado di descriverne, analizzarne ed illustrarne le peculiarità. 2. Padroneggiare le nozioni di base della scrittura cinese, ed essere in grado di analizzarne la forma ed illustrarne le peculiarità. 3. Padroneggiare le nozioni di base degli usi linguistici e del discorso cinese, ed essere in grado di descriverne, analizzarne ed illustrarne le peculiarità. 4. Disporre delle nozioni di base della linguistica generale, comprendere l'universalità del linguaggio e la particolarità della lingua cinese, ed essere in grado di mettere a confronto le lingue. 5. Essere in grado di usare in maniera complessiva le nozioni di linguistica cinese e di linguistica generale per analizzare i fenomeni linguistiche e risolvere le problematiche relative all'insegnamento.

(continua)

Indicatori primari	Indicatori secondari	Descrizione dettagliata
	Nozioni sulla cultura ed attualità della Cina	1. Comprendere ed essere in grado di esporre le nozioni di cultura cinese incontrate nel corso dell'attività didattica, inerenti a storia, filosofia, letteratura, arte e folklore. 2. Comprendere ed essere in grado di esporre le nozioni di società, politica, economia, istruzione, scienza, tecnologia, ambiente ed altre tematiche di rilevanza nazionale cinese, incontrate nel corso dell'insegnamento. 3. Analizzare i fenomeni socio-culturali più ricorrenti e risolvere le problematiche inerenti all'insegnamento ed alla comunicazione. 4. Essere in grado di riconoscere che la cultura è costituita dall'unione del passato e del presente, ed è in continua evoluzione.
	Nozioni sull'acquisizione di una seconda lingua	1. Comprendere i principi fondamentali dell'acquisizione della seconda lingua, nonché i caratteri principali dell'acquisizione del cinese come seconda lingua. 2. Comprendere analogie e differenze tra l'acquisizione della propria lingua madre e della seconda lingua. 3. Comprendere l'influenza delle differenze individuali degli studenti nell'acquisizione della seconda lingua. 4. Comprendere le caratteristiche di apprendimento degli studenti della lingua cinese appartenenti a classi di età e gruppi sociali diversi. 5. Essere in grado di utilizzare le nozioni sull'acquisizione della seconda lingua per risolvere le problematiche didattiche dei docenti e le difficoltà di apprendimento degli studenti.
Nozioni professionali	Insegnamento teorico della lingua cinese	1. Padroneggiare metodi e pratiche comuni di insegnamento della fonetica cinese, per aiutare gli studenti a comprenderne le caratteristiche ed a sviluppare le capacità di ascolto e pronuncia. 2. Padroneggiare metodi e pratiche comuni di insegnamento del lessico cinese, per aiutare gli studenti a comprenderne le caratteristiche, a dominare le strategie di apprendimento lessicale ed a migliorare la capacità di utilizzo del lessico. 3. Padroneggiare metodi e tecniche di insegnamento della grammatica cinese, aiutando gli studenti a comprenderne le caratteristiche, a capire la struttura e la funzione dei costrutti grammaticali più comuni e ad essere in grado di utilizzarli in modo appropriato nel contesto. 4. Padroneggiare metodi e pratiche correnti dell'insegnamento della scrittura cinese, per aiutare gli studenti a comprenderne le peculiarità, a dominare le nozioni di forma, pronuncia e significato dei caratteri cinesi, ed a sviluppare le competenze di lettura, scrittura e digitazione degli studenti. 5. Comprendere il rapporto tra lingua e cultura ed essere in grado di gestire i fattori culturali tra le caratteristiche del linguaggio ed aiutare gli studenti a riconoscere la cultura nella lingua. 6. Padroneggiare i principi ed i metodi fondamentali per giudicare, analizzare e gestire gli errori ed essere in grado di gestire efficacemente gli errori degli studenti in termini di fonetica, lessico, grammatica ed ortografia.

· Standard delle competenze professionali per gli insegnanti di cinese per stranieri ·

(continua)

Indicatori primari	Indicatori secondari	Descrizione dettagliata
	Insegnamento pratico della lingua cinese	1. Conoscere approfonditamente gli obiettivi ed i contenuti di insegnamento dell'ascolto della lingua cinese, per aiutare gli studenti a padroneggiare le abilità di ascolto e comprensione ed a migliorare le capacità di comprensione di materiali di ascolto di diverso genere. 2. Conoscere approfonditamente gli obiettivi ed i contenuti di insegnamento della comprensione orale, per aiutare gli studenti a padroneggiare le strategie comunicative ed a migliorare la capacità di utilizzo della lingua cinese per comunicare oralmente nei diversi contesti. 3. Conoscere approfonditamente gli obiettivi ed i contenuti di insegnamento della comprensione scritta in cinese, per aiutare gli studenti a padroneggiare le abilità di lettura ed a migliorare le capacità di comprensione di materiali di diverso genere. 4. Conoscere approfonditamente gli obiettivi ed i contenuti di insegnamento della scrittura cinese, per aiutare gli studenti a padroneggiare le tecniche di scrittura ed a migliorare la capacità di espressione scritta in cinese. 5. Comprendere approfonditamente gli obiettivi ed i contenuti di insegnamento della traduzione cinese, per aiutare gli studenti a padroneggiare i metodi e le tecniche di traduzione di base ed a svilupparne le capacità corrispondenti. 6. Comprendere i principali metodi di insegnamento della seconda lingua ed essere in grado di applicarli in modo appropriato all'insegnamento pratico della lingua cinese.
	Comunicazione interculturale	1. Comprendere e rispettare la diversità delle culture del mondo, coltivando negli studenti la consapevolezza dell'uguaglianza di culture diverse e la comprensione interculturale. 2. Comprendere le principali caratteristiche delle persone dei luoghi in cui si svolge l'attività di insegnamento in termini di pensiero, valori, convenzioni e comportamento, adattandosi ai diversi ambienti culturali. 3. Padroneggiare i principi fondamentali della comunicazione interculturale, utilizzando strategie differenti per risolvere efficacemente le problematiche di comunicazione interculturale nell'insegnamento.
	Strumenti didattici	1. Comprendere e seguire i recenti sviluppi nell'applicazione di tecnologie d'avanguardia all'insegnamento internazionale della lingua cinese, e comprendere il ruolo essenziale degli strumenti didattici nella didattica della lingua cinese ed avere consapevolezza di come gli strumenti informatici si combinino a fondo con il processo di insegnamento della lingua cinese. 2. Essere in grado di selezionare la pratica di insegnamento digitale adatta in base agli obiettivi e contenuti didattici ed alle caratteristiche degli studenti. 3. Comprendere l'utilizzo dei più diffusi strumenti informatici per la didattica, possedere le competenze informatiche necessarie per l'insegnamento e la capacità di creare e produrre risorse e materiali didattici. 4. Essere in grado di reperire, raccogliere e selezionare risorse didattiche online e di possedere la capacità di utilizzare il materiale raccolto nell'insegnamento.

T/ISCLT 001—2022

(continua)

Indicatori primari	Indicatori secondari	Descrizione dettagliata
		5. Essere in grado di utilizzare le piattaforme web per svolgere e gestire l'attività di insegnamento della lingua cinese, in modalità online ed in presenza. (下线 在这个情况下，如果表示"在场"的意思，就是 *in presenza*，"*offline*"不只是下线的意思，*offline*表示没网的意思。)
6. Avere consapevolezza creativa nella produzione di materiali ed in particolare nella creazione di materiali adatti al luogo, alla professione ed alla destinazione.
7. Possedere fondamenti di etica dell'informazione, compresa una chiara comprensione della protezione dei diritti di proprietà intellettuale, del rispetto delle informazioni altrui e dell'importanza della sicurezza dei dati.
Pratiche professionali	Pianificazione della didattica in classe	1. Conoscere approfonditamente gli standard ed i curriculum didattici, padroneggiando i principi ed i metodi fondamentali per la stesura dei piani didattici.
2. Formulare obiettivi didattici adatti all'età, allo sfondo culturale, al livello linguistico, agli interessi, alle caratteristiche cognitive, alle esigenze di apprendimento degli studenti.
3. Elaborare i contenuti di insegnamento della lingua cinese, progettando attività didattiche compatibili con gli obiettivi formativi e concentrandosi sullo sviluppo della capacità di apprendimento sia indipendente che cooperativo degli studenti.
4. Scegliere il metodo di insegnamento, predisporre una progressione didattica, progettare esercitazioni e test in base agli obiettivi ed ai sussidi didattici.
5. Progettare in maniera razionale l'uso della lavagna, preparando i materiali di appoggio necessari all'insegnamento come dispense e sussidi didattici.
6. Possedere conoscenze interdisciplinari ed essere in grado di mettere in relazione il programma di studio della lingua cinese con le altre materie, così come l'apprendimento in classe con quello extracurriculare.
	Selezione ed utilizzo dei sussidi didattici	1. Selezionare adeguate risorse didattiche in base alle reali esigenze dell'insegnamento della lingua cinese.
2. Utilizzare e adattare in maniera flessibile i testi didattici in base al livello ed alle esigenze degli studenti della lingua cinese.
3. Essere in grado di sviluppare nuovi sussidi didattici, qualora quelle disponibili non siano adatte a soddisfare le esigenze didattiche.
	Organizzazione e gestione della classe	1. Scegliere e adottare un linguaggio didattico appropriato, in grado di aiutare gli studenti a comprendere i contenuti e le attività di apprendimento.
2. Utilizzare strumenti e strategie didattiche volte a stimolare l'interesse degli studenti per l'apprendimento.
3. Organizzare l'attività di insegnamento in modo efficace, così da accrescere l'entusiasmo ed il coinvolgimento degli studenti.
4. Organizzare razionalmente la progressione didattica, per aiutare gli studenti a completare l'attività di apprendimento.
5. Gestire il tempo in modo efficace, prestando attenzione all'interazione ed al responso della classe per migliorare l'efficacia dell'insegnamento.

• Standard delle competenze professionali per gli insegnanti di cinese per stranieri •

(continua)

Indicatori primari	Indicatori secondari	Descrizione dettagliata
		6. Stabilire regole di gestione della classe, in modo da creare un ambiente di apprendimento sano, sicuro e paritario, adottando approcci e metodi adatti a risolvere i problemi in maniera corretta e tempestiva. 7. Organizzare attività extracurriculari, espandendo l'apprendimento al di fuori dell'orario di lezione.
	Valutazione e riscontro dell'apprendimento	1. Verificare l'efficacia di apprendimento degli studenti della lingua cinese utilizzando molteplici metodi di valutazione, compatibili con gli obiettivi didattici. 2. Guidare gli studenti all'autovalutazione, aiutandoli a riflettere sul loro percorso di apprendimento e su come migliorarlo. 3. Comprendere ed analizzare i risultati della valutazione, accertando le necessità degli studenti ed aiutandoli a identificare nuovi obiettivi di apprendimento. 4. Confrontarsi con gli studenti e con il personale competente in merito ai progressi di apprendimento degli studenti della lingua cinese, offrendo riscontri e suggerimenti.
Sviluppo professionale	Riflessioni sull'insegnamento	1. Disporre di coscienza introspettiva, conducendo riflessioni nel corso di tutta l'attività di insegnamento internazionale della lingua cinese e dell'intero processo di sviluppo professionale. 2. Condurre riflessioni ed autovalutazioni attraverso l'analisi dei risultati di apprendimento degli studenti, l'osservazione e lo scambio tra pari e la stesura di diari di apprendimento. 3. Essere in grado di mettere in pratica i risultati della riflessione, così da migliorare l'insegnamento.
	Pianificazione dello sviluppo professionale	1. Avere consapevolezza del proprio sviluppo personale ed un'idea di apprendimento continuo, in grado di stabilire obiettivi di sviluppo professionale in diverse fasi. 2. Partecipare a corsi di formazione professionali correlati allo sviluppo professionale, conferenze specializzate, conferenze accademiche e altre attività per approfondire la comprensione dell'educazione della didattica del cinese a livello internazionale cinese internazionale e migliorare le capacità di insegnamento. 3. Possedere competenze di base nella ricerca dell'insegnamento e dell'apprendimento, avere la capacità di condurre ricerche d'azione educativa di base in ambito didattico e promuovere lo sviluppo professionale continuo. .

6 Raccomandazioni pratiche

6.1 Guida all'attività didattica

Lo "Standard" fornisce chiare indicazioni riguardo alle attitudini, alle nozioni, alle competenze ed allo sviluppo professionale che riguardano gli insegnanti nelle attività didattiche internazionali della lingua cinese. Gli insegnanti possono basarsi su questi standard per condurre lezioni e garantire la scientificità ed efficacia di tali attività.

6.2 Formazione dei docenti

Lo "Standard" può guidare la formazione delle risorse umane, l'impostazione dei corsi di studio e la pratica didattica a diversi livelli nelle istituzioni di istruzione superiore impegnate nella didattica internazionale della lingua cinese, può anche essere applicato alla standardizzazione dei contenuti sulla base dei quali diverse istituzioni ed organizzazioni per la formazione degli insegnanti possono impostarne la formazione ed eseguire la valutazione degli stessi insegnanti.

6.3 Riconoscimento delle competenze professionali degli insegnanti

Il contesto, i contenuti e le descrizioni dello "Standard" forniscono i punti di riferimento per la valutazione ed il riconoscimento delle competenze professionali degli insegnanti internazionali della lingua cinese. Questi possono definire i criteri di valutazione, procedure di valutazione, categorie di certificazione per il riconoscimento delle competenze professionali degli insegnanti (conformemente alle disposizioni dell'Allegato A).

6.4 Sviluppo professionale degli insegnanti e pianificazione della carriera

Lo "Standard" descrive in modo sistematico le attitudini, le conoscenze, le competenze che gli insegnanti internazionali della lingua cinese devono possedere. Traccia la direzione e fornisce la guida per lo sviluppo professionale degli insegnanti, aiutandoli a pianificare la propria carriera professionale in modo razionale.

Allegato A
(Normativo)
Norme per la valutazione delle competenze professionali degli insegnanti internazionali della lingua cinese

In base allo "Standard", le " Norme per la valutazione delle competenze professionali degli insegnanti internazionali della lingua cinese" (di seguito abbreviato in "Norme di valutazione"), forniscono requisiti più mirati per le competenze degli insegnanti di livello base, intermedio ed avanzato. Gli insegnanti di livello base sono principalmente qualificati come nuovi insegnanti internazionali della lingua cinese; gli insegnanti di livello intermedio hanno una ricca ed efficace esperienza pratica, sono insegnanti maturi che si trovano in una fase di sviluppo professionale e di carriera; mentre gli insegnanti di livello avanzato, in aggiunta a quanto detto per le due precedenti categorie, sono ricercatori e specialisti che possiedono l'esperienza e le capacità per guidare gli altri insegnanti.

A.1 Indicatori di valutazione

Le "Norme di valutazione" includono cinque moduli di valutazione: ideale professionale, nozioni professionali, abilità professionali, pratiche professionali e sviluppo professionale. Ci sono 14 indicatori di primo livello e 30 indicatori di secondo livello. Gli indicatori di valutazione per i livelli base ed intermedio includono sia indicatori di primo che di secondo livello, mentre quelli di livello avanzato non sono descritti nel dettaglio, ma includono solo indicatori di primo livello e contenuti descrittivi.

Tabella A.1 Sistema di indicatori di valutazione delle "Norme di valutazione"

Modulo	Indicatori di primo livello	Indicatori di secondo livello
Ideale professionale	Etica professionale	Integrità professionale
		Consapevolezza delle norme
	Ideale professionale	Attitudine professionale
		Consapevolezza del multiculturalismo
		Spirito di collaborazione

(continua)

Modulo	Indicatori di primo livello	Indicatori di secondo livello
Nozioni professionali	Nozioni di didattica	Nozioni di pedagogia
		Nozioni di psicologia dell'educazione
	Nozioni di linguistica cinese e di linguistica generale	Nozioni di linguistica cinese
		Nozioni di linguistica generale
	Nozioni di cultura ed attualità cinesi	Nozioni di cultura cinese
		Nozioni di attualità cinese
	Nozioni sull'acquisizione della seconda lingua	Teorie sull'acquisizione della seconda lingua
		Nozioni sull'acquisizione della lingua cinese come seconda lingua
Abilità professionali	Elementi fondamentali e competenze nell'insegnamento del cinese.	Capacità di insegnamento teorico della lingua cinese
		Capacità di insegnamento pratico della lingua cinese
	Comunicazione interculturale	Comprensione ed interpretazione culturale
		Capacità di comunicazione interculturale
	Strumenti didattici	Capacità di didattica digitale
		Uso delle risorse web e capacità nella didattica online
Pratiche professionali	Pianificazione della didattica	Pianificazione della didattica in classe
		Selezione ed utilizzo delle risorse didattiche
	Attuazione della didattica	Didattica in classe
		Organizzazione e gestione della classe
	Valutazione e riscontro dell'apprendimento	Valutazione dell'apprendimento
		Riscontro sulla didattica
Sviluppo professionale	Riflessione	Riflessione sulla didattica
		Autovalutazione
	Pianificazione dello sviluppo professionale	Apprendimento permanente
		Ricerca sulla didattica
		Pianificazione della carriera

A.2 Criteri di certificazione

I livelli base, intermedio ed avanzato sono descritti per moduli, con i requisiti di competenza professionale di ciascun livello che progrediscono in maniera graduale. I livelli superiori includono i requisiti di competenza dei livelli inferiori.

· Standard delle competenze professionali per gli insegnanti di cinese per stranieri ·

A.2.1 Criteri di certificazione per gli insegnanti internazionali della lingua cinese (livello base)

A.2.1.1   Ideale professionale

A.2.1.1.1   Etica professionale

A.2.1.1.1   Integrità professionale

A.2.1.1.1.1   Integrità professionale

a) Conoscere e rispettare il codice etico e le norme comportamentali degli insegnanti internazionali della lingua cinese.

b) Avere una chiara comprensione del proprio campo di responsabilità e possedere una coscienza delle responsabilità dell'insegnante.

c) Avere una consapevolezza circa il di rispetto dei diritti degli studenti e di trattamento equo nei confronti di ciascuno degli studenti.

d) Essere in grado di padroneggiare i criteri di valutazione dell'etica professionale dell'insegnante internazionale della lingua cinese ed i metodi di analisi delle questioni correlate.

A.2.1.1.1.2   Consapevolezza delle norme

a) Essere in grado di comprendere le politiche sull'istruzione linguistica del Paese, della regione e del distretto in cui si insegna.

b) Essere in grado di comprendere e rispettare i regolamenti e le norme delle scuole e delle istituzioni educative coinvolte.

c) Essere in grado di analizzare e valutare le questioni legali fondamentali nella pratica dell'insegnamento e dell'educazione.

A.2.1.1.2   Credito professionale

A.2.1.1.2.1   Attitudine professionale

a) Essere in grado di comprendere la peculiarità e la professionalità dell'insegnamento in ambito internazionale della lingua cinese e riconoscere il valore professionale dell'insegnante internazionale della lingua cinese.

b) Essere in grado di rispettare lo sviluppo degli studenti ed i ritmi di apprendimento della lingua cinese.

c) Essere in grado di portare a realizzazione lo sviluppo degli studenti, mettendo in pratica una didattica internazionale della lingua cinese adatta alle caratteristiche degli studenti stessi.

d) Essere in grado di seguire le regole della didattica, rispettare la propria professione ed affrontare seriamente il lavoro di insegnamento della lingua cinese con un'attitudine professionale.

A.2.1.1.2.2   Consapevolezza del multiculturalismo

a) Essere in grado di comprendere la diversità culturale ed avere un'attitudine aperta ed inclusiva.

b) Essere in grado di rispettare le tradizioni culturali e le realtà sociali del Paese o della regione in cui si insegna.

c) Essere in grado di guidare gli studenti a comprendere ed apprezzare le culture di diverse nazioni ed etnie.

A.2.1.1.2.3 Spirito di collaborazione

a) Essere in grado di cercare opportunità di collaborazione con i colleghi, condividere esperienze pratiche di insegnamento e possedere spirito di gruppo.

b) Essere in grado di sostenere l'apprendimento degli studenti e collaborare con colleghi, familiari, comunità ed altre parti interessate.

A.2.1.2 Nozioni professionali

A.2.1.2.1 Nozioni di didattica

A.2.1.2.1.1 Nozioni di pedagogia

a) Essere in grado di comprendere i principi fondamentali ed i metodi della pedagogia, nonché i caratteri generali relativi all'istruzione.

b) Essere in grado di applicare i principi ed i metodi della pedagogia per analizzare e risolvere fenomeni e problemi nel contesto dell'insegnamento della lingua cinese in ambito internazionale.

A.2.1.2.1.2 Nozioni di psicologia dell'educazione

a) Essere in grado di comprendere i principi fondamentali ed i metodi della psicologia dell'educazione.

b) Essere in grado di comprendere le caratteristiche di apprendimento, abitudini comportamentali e sviluppo psicologico di diversi destinatari dell'insegnamento.

c) Essere in grado di applicare i principi ed i metodi della psicologia dell'educazione per analizzare e risolvere fenomeni e problemi relativi all'insegnamento della lingua cinese in ambito internazionale.

A.2.1.2.2 Nozioni di linguistica cinese e di linguistica generale

A.2.1.2.2.1 Nozioni di linguistica cinese

a) Essere in grado di comprendere e familiarizzare con lo hanyu pinyin, acquisire nozioni di base di fonetica, lessico e grammatica della lingua cinese, nonché descriverne, analizzarne e spiegarne le caratteristiche.

b) Essere in grado di acquisire nozioni di base di scrittura cinese e descriverne, analizzarne e spiegarne le caratteristiche.

c) Essere in grado di acquisire nozioni di base sugli usi linguistici della lingua cinese e descriverne, analizzarne e spiegarne le caratteristiche.

A.2.1.2.2.2 Nozioni di linguistica generale

Essere in grado di acquisire le nozioni fondamentali della linguistica generale, comprendere l'universalità del linguaggio e le caratteristiche specifiche della lingua cinese, nonché condurre confronti linguistici.

A.2.1.2.3 Nozioni di cultura ed attualità cinesi

A.2.1.2.3.1 Nozioni di cultura cinese

Essere in grado di comprendere e trasmettere nozioni di cultura cinese attinenti all'insegnamento come storia, filosofia, letteratura, arte, folklore.

A.2.1.2.3.2 Nozioni di attualità cinese

Essere in grado di comprendere e trasmettere nozioni di attualità cinese attinenti all'insegnamento, come società, politica, economia, istruzione, tecnologia, ambiente.

A.2.1.2.4 Nozioni sull'acquisizione della seconda lingua

A.2.1.2.4.1 Teorie dell'acquisizione della seconda lingua

a) Essere in grado di comprendere le teorie di base sull'acquisizione della seconda lingua.

b) Essere in grado di comprendere le somiglianze e le differenze tra l'acquisizione della seconda lingua e l'acquisizione della lingua madre.

c) Essere in grado di comprendere l'influenza delle differenze individuali degli studenti sull'acquisizione della seconda lingua.

A.2.1.2.4.2 Nozioni sull'acquisizione della lingua cinese come seconda lingua

a) Essere in grado di comprendere i modelli e le caratteristiche dell'acquisizione delle nozioni di fonetica cinese, lessico, grammatica, discorso e scrittura cinesi.

b) Essere in grado di applicare le nozioni sull'acquisizione del cinese come seconda lingua per risolvere i problemi tra l'insegnamento da parte degli insegnanti e l'apprendimento da parte degli studenti.

A.2.1.3 Abilità professionali

A.2.1.3.1 Elementi fondamentali e competenze nell'insegnamento del cinese

A.2.1.3.1.1 Capacità di insegnamento teorico della lingua cinese

a) Essere in grado di padroneggiare i metodi e le tecniche più comuni per l'insegnamento della fonetica della lingua cinese, per aiutare gli studenti a comprenderne le caratteristiche e per sviluppare le loro abilità di ascolto e pronuncia.

b) Essere in grado di padroneggiare i metodi e le tecniche più comuni per l'insegnamento del lessico della lingua cinese, per aiutare gli studenti a comprenderne le caratteristiche, ad acquisirne le strategie di apprendimento e per coltivare la loro competenza nel suo utilizzo.

c) Essere in grado di padroneggiare i metodi e le tecniche correnti per l'insegnamento della grammatica della lingua cinese, per aiutare gli studenti a comprenderne le caratteristiche, a comprenderne la struttura e le funzioni più comuni ed a saperla utilizzare correttamente nel contesto linguistico.

d) Essere in grado di padroneggiare i metodi e le tecniche più comuni per l'insegnamento della scrittura cinese, per aiutare gli studenti a comprenderne le caratteristiche, a padroneggiare le nozioni sulla loro forma, pronuncia e significato e per svilupparne le capacità degli studenti di riconoscere, scrivere a mano ed immettere digitalmente i caratteri cinesi.

e) Essere in grado di padroneggiare i principi ed i metodi di base per identificare, analizzare e gestire gli errori degli studenti, per gestire efficacemente quelli riguardanti la fonetica, il vocabolario, la grammatica e la scrittura cinesi.

A.2.1.3.1.2 Capacità di insegnamento pratico della lingua cinese

a) Essere in grado di comprendere gli obiettivi ed i contenuti della didattica in ambito di ascolto in lingua cinese, per aiutare gli studenti a padroneggiare le tecniche relative alla ricezione orale ed a migliorare la competenza nella comprensione di materiali audio di diversi tipi.

b) Essere in grado di comprendere gli obiettivi ed i contenuti della didattica in ambito di parlato in lingua cinese, per aiutare gli studenti a padroneggiare le strategie di comunicazione ed a migliorare la competenza nella comunicazione in lingua cinese in contesti diversi.

c) Essere in grado di comprendere gli obiettivi ed i contenuti della didattica in ambito di lettura in lingua cinese, per aiutare gli studenti a padroneggiare le tecniche di lettura ed a migliorare la comprensione di letture di diverso tipo.

d) Essere in grado di comprendere gli obiettivi ed i contenuti dell'insegnamento della produzione scritta in lingua cinese, per aiutare gli studenti a padroneggiare le tecniche di scrittura ed a migliorare la competenza nell'espressione per iscritto in lingua cinese.

e) Essere in grado di comprendere i principali metodi di insegnamento della seconda lingua e di applicarli all'insegnamento pratico della lingua cinese.

A.2.1.3.2　Comunicazione interculturale

A.2.1.3.2.1　Comprensione ed interpretazione culturale

a) Essere in grado di comprendere i concetti fondamentali della lingua e della cultura, nonché la relazione insita tra linguaggio e cultura.

b) Essere in grado di comprendere la diversità culturale mondiale e l'influenza degli elementi culturali sull'apprendimento delle lingue.

c) Essere in grado di comprendere le principali caratteristiche culturali, rispettare le diverse culture e adattarsi a diversi contesti culturali.

d) Essere in grado di spiegare le nozioni sulla cultura ed attualità cinesi attinenti nell'insegnamento.

e) Essere in grado di organizzare attività pratiche sulla cultura per aiutare gli studenti a comprendere le qualità insite nella cultura cinese.

A.2.1.3.2.2　Capacità di comunicazione interculturale

a) Essere in grado di comprendere le teorie fondamentali, i principi e le strategie della comunicazione interculturale.

b) Essere in grado di padroneggiare le tecniche della comunicazione interculturale, utilizzando diverse strategie per risolvere efficacemente i problemi che si incontrano nella comunicazione interculturale.

A.2.1.3.3　Strumenti didattici

A.2.1.3.3.1　Capacità di didattica digitale

a) Essere in grado di comprendere il ruolo della tecnologia nella didattica della lingua cinese e di avere consapevolezza di come le tecnologie informatiche siano strettamente connesse con l'insegnamento della lingua cinese.

b) essere in grado di scegliere i metodi di insegnamento informatici appropriati in base agli obiettivi didattici, ai contenuti dell'insegnamento ed alle caratteristiche degli studenti.

c) essere in grado di comprendere i metodi di utilizzo dei dispositivi informatici comuni, padroneggiare le tecnologie necessarie all'insegnamento informatizzato e possedere competenze nella progettazione e creazione di risorse didattiche come le dispense.

· Standard delle competenze professionali per gli insegnanti di cinese per stranieri ·

A.2.1.3.3.2   Uso delle risorse web e capacità nella didattica online

a) Essere in grado di cercare, raccogliere e selezionare risorse didattiche online, possedendo competenze nell'utilizzo di una banca dati nell'ambito dell'insegnamento.

b) Essere in grado di utilizzare piattaforme web per la gestione dell'insegnamento della lingua cinese sia online che in modalità mista online ed in presenza. （下线 在这个情况下，如果表示"在场"的意思，就是 *in presenza*，"*offline*" 不只是下线的意思，*offline*表示没网的意思。）

A.2.1.4   Pratiche professionali

A.2.1.4.1   Pianificazione della didattica

A.2.1.4.1.1   Pianificazione della didattica in classe

a) Essere in grado di comprendere gli standard didattici ed i programmi di studio correlati, padroneggiando i principi ed i metodi di base per la stesura di una programmazione della didattica.

b) Essere in grado di stabilire obiettivi didattici adatti all'età, allo sfondo culturale, al livello linguistico, agli interessi, alle caratteristiche cognitive ed alle esigenze di apprendimento degli studenti.

c) Essere in grado di definire in modo appropriato i contenuti dell'insegnamento della lingua cinese, progettare attività didattiche adatte ai propri obiettivi didattici, dando importanza allo sviluppo dell'apprendimento autonomo e cooperativo degli studenti.

d) Essere in grado di scegliere i metodi didattici appropriati, organizzare le fasi dell'insegnamento e progettare esercizi e verifiche in base a risorse ed obiettivi didattici.

e) Essere in grado di preparare materiali ausiliari come dispense e sussidi didattici, necessari per l'insegnamento.

f) Essere in grado di padroneggiare i metodi e le tecniche di progettazione delle lezioni, definire chiaramente gli obiettivi didattici, analizzare l'oggetto dell'apprendimento, identificare le principali difficoltà dell'apprendimento e la progressione della didattica, definirne il contesto, stabilirne le strategie e le valutazioni, completando la progettazione di lezioni per i contenuti didattici specificati.

g) Essere in grado avere una consapevolezza preliminare dell'interdisciplinarietà, collegando rispettivamente le lezioni della lingua cinese alle altre materie ed all'apprendimento in classe con l'apprendimento al di fuori della classe.

A.2.1.4.1.2   Selezione ed utilizzo delle risorse didattiche

a) Essere in grado di selezionare adeguati materiali didattici, risorse ausiliarie, strumenti didattici, piattaforme di insegnamento della lingua cinese e strumenti di insegnamento moderni in base agli obiettivi, ai contenuti didattici, ed alle caratteristiche degli studenti.

b) Essere in grado di utilizzare e adattare in modo flessibile i materiali didattici in base al livello linguistico ed alle esigenze degli studenti.

c) Essere in grado di sviluppare nuove risorse didattiche relative alla lingua cinese qualora le risorse disponibili non siano in grado di soddisfare le esigenze didattiche.

d) Essere in grado di utilizzare appropriate risorse didattiche multimediali ed appropriati strumenti di supporto all'insegnamento per raggiungere gli obiettivi didattici. (实现目标 *raggiungere un obiettivo*, *realizzare uno scopo*或者*realizzare uno scopo, realizzare un obiettivo*不行)

A.2.1.4.2　Attuazione della didattica

A.2.1.4.2.1　Didattica in classe

a) Essere in grado di creare programmi didattici appropriati in base alle esigenze reali di insegnamento.

b) Essere in grado di adattare in modo flessibile ed efficace piani e strategie didattici sulla base delle esigenze degli studenti e dei cambiamenti del contesto di insegnamento.

c) Essere in grado di creare un clima di apprendimento in cui gli studenti partecipino attivamente ed essere in grado di stimolarne l'interesse nell'apprendimento.

d) Essere in grado di adottare il corretto metodo di insegnamento in base alla progettazione ed agli obiettivi didattici.

e) Essere in grado di pianificare in modo sufficientemente ragionevole le fasi e le procedure didattiche per completare l'insegnamento in classe.

f) Essere in grado di selezionare il linguaggio, le tecnologie e gli strumenti didattici appropriati, nonché di scrivere in maniera adeguata alla lavagna per aiutare gli studenti a comprendere i contenuti ed i compiti di apprendimento.

g) Essere in grado di utilizzare strumenti didattici informatici per l'insegnamento.

A.2.1.4.2.2　Organizzazione e gestione della classe

a) Essere in grado di utilizzare metodi di insegnamento e di gestione appropriati, di organizzare le attività in classe, mantenere l'ordine e creare un ambiente di apprendimento favorevole.

b) Essere in grado di pianificare in modo razionale l'insegnamento, di gestire efficacemente il tempo, di aiutare gli studenti a migliorare l'efficienza dell'apprendimento e di completare i compiti di apprendimento.

c) Essere in grado di dare attenzione all'interazione in classe, di avere consapevolezza della comunicazione e di organizzare attività didattiche efficaci.

d) Essere in grado di stabilire regole di gestione della classe e di affrontare in modo efficace i problemi di disciplina e le eventuali situazioni di conflitto in classe.

e) Essere in grado di promuovere l'apprendimento extracurricolare e di organizzare attività al di fuori della classe.

A.2.1.4.3　Valutazione e riscontro dell'apprendimento

A.2.1.4.3.1　Valutazione dell'apprendimento

a) Essere in grado di comprendere le nozioni ed i metodi di base per la valutazione dell'apprendimento, di utilizzare modalità di valutazione corrispondenti agli obiettivi didattici ed agli studenti, per valutarne le attività di apprendimento.

b) Essere in grado di guidare gli studenti nell'autovalutazione e di aiutarli a riflettere ed a stabilire nuovi obiettivi di apprendimento.

c) Essere in grado di comprendere e di analizzare i risultati della valutazione, di accertare le esigenze degli studenti e di guidare l'insegnamento della lingua cinese.

A.2.1.4.3.2 Riscontro sulla didattica

a) Essere in grado di acquisire metodi per individuare, analizzare e risolvere i problemi di apprendimento e di sviluppo degli studenti.

b) Essere in grado di comunicare con gli studenti e con le persone interessate al loro stato di apprendimento della lingua cinese, fornendo riscontri e suggerimenti.

A.2.1.5 Sviluppo professionale

A.2.1.5.1 Riflessione

A.2.1.5.1.1 Riflessione sull'insegnamento

a) Essere in grado di comprendere i metodi e le strategie di base per la riflessione sull'insegnamento.

b) Essere in grado di riflettere sul proprio insegnamento attraverso l'analisi del comportamento degli studenti, dei risultati dell'apprendimento, dell'osservazione dei colleghi, della comunicazione con gli stessi, e della scrittura di un diario relativo alla didattica.

c) Essere in grado di applicare alla pratica i risultati della riflessione per migliorare l'insegnamento.

A.2.1.5.1.2 Autovalutazione

Essere in grado di intraprendere una valutazione preliminare del proprio ideale didattico, attitudini, strutture di conoscenza e livelli di competenza durante le attività di insegnamento e di sviluppare efficaci proposte di miglioramento attraverso l'autovalutazione.

A.2.1.5.2 Pianificazione dello sviluppo professionale

A.2.1.5.2.1 Apprendimento permanente

Essere in grado di avere consapevolezza dello sviluppo continuo e delle competenze fondamentali per l'apprendimento permanente.

A.2.1.5.2.2 Ricerca sulla didattica

a) Essere in grado di partecipare ad attività di formazione professionale, seminari tematici, conferenze accademiche ed altre attività correlate allo sviluppo professionale, al fine di approfondire la comprensione della didattica internazionale della lingua cinese e migliorare le competenze nell'insegnamento.

b) Essere in grado di padroneggiare i metodi di base della ricerca didattica ed avere le competenze di base per la ricerca sull'attività pedagogica, promuovendo così lo sviluppo personale e professionale continuo.

A.2.1.5.2.3 Pianificazione della carriera

a) Essere in grado di comprendere i contenuti, le esigenze e le tendenze dello sviluppo professionale degli insegnanti internazionali della lingua cinese.

b) Essere in grado di comprendere le caratteristiche delle diverse fasi della carriera degli insegnanti internazionali della lingua cinese ed avere una visione preliminare della pianificazione dello sviluppo professionale.

T/ISCLT 001-2022

A.2.2 Standard di certificazione per insegnanti internazionali della lingua cinese (livello intermedio)

A.2.2.1　Ideale professionale

A.2.2.1.1　Etica professionale

A.2.2.1.1.1　Integrità professionale

Essere in grado di avere una comprensione approfondita dell'etica professionale e delle norme di comportamento degli insegnanti internazionali della lingua cinese.

A.2.2.1.1.2　Consapevolezza delle norme

Essere in grado di avere una comprensione approfondita delle politiche educative linguistiche, delle normative e regolamenti scolastici dell'area geografica in cui si insegna.

A.2.2.1.2　Credito professionale

A.2.2.1.2.1　Attitudine professionale

a) Essere in grado di comprendere la storia, lo sviluppo e le tendenze della didattica internazionale della lingua cinese.

b) Essere in grado di avere una comprensione approfondita delle caratteristiche uniche, della professionalità e del valore istituzionale della didattica internazionale della lingua cinese.

c) Essere in grado di dedicarsi a costruire una relazione docente-studente equa, rispettosa e basata sulla fiducia reciproca.

A.2.2.1.2.2　Consapevolezza del multiculturalismo

Essere in grado di comprendere a fondo la diversità culturale nella pratica dell'insegnamento.

A.2.2.1.2.3　Spirito di collaborazione

a) Essere in grado di promuovere il lavoro di gruppo e fornire suggerimenti e riscontri per sostenere efficacemente lo sviluppo professionale dei colleghi.

b) Essere in grado di stabilire rapporti di collaborazione basati sul reciproco rispetto con i colleghi, genitori, comunità ed altre parti interessate.

A.2.2.2　Nozioni professionali

A.2.2.2.1　Nozioni di didattica

A.2.2.2.1.1　Nozioni di psicologia dell'educazione

Essere in grado di utilizzare le conclusioni della ricerca nell'ambito della didattica per aiutare gli studenti a migliorare l'efficacia di apprendimento.

A.2.2.2.1.2　Nozioni di psicologia dell'educazione

Essere in grado di utilizzare le conclusioni della ricerca nella psicologia dell'educazione per aiutare gli studenti a risolvere problemi di apprendimento ed a realizzare il loro sviluppo personale.

A.2.2.2.2　Nozioni di linguistica cinese e di linguistica generale

A.2.2.2.2.1　Nozioni di linguistica cinese

a) Essere in grado di arricchire costantemente le nozioni di fonetica, lessico, grammatica e scrittura cinese, nonché degli usi linguistici e conoscenza del discorso ed applicarli nell'insegnamento.

b) Essere in grado di utilizzare le nozioni della lingua cinese in modo integrato per analizzare i fenomeni linguistici e risolvere le problematiche dell'insegnamento.

A.2.2.2.2.2 Nozioni di linguistica generale

a) Essere in grado di fare proprie le conclusioni della ricerca nel campo della linguistica ed applicarle all'insegnamento.

b) Essere in grado di utilizzare in modo integrato la conoscenza della linguistica generale per analizzare i fenomeni linguistici e risolvere le problematiche dell'insegnamento.

A.2.2.2.3 Nozioni di cultura ed attualità cinesi

A.2.2.2.3.1 Nozioni di cultura cinese

a) Essere in grado di arricchire costantemente le nozioni sulla cultura cinese.

b) Essere in grado di fornire spiegazioni ed interpretazioni sulla cultura cinese nel corso dell'insegnamento.

A.2.2.2.3.2 Nozioni di attualità cinese

a) Essere in grado di arricchire costantemente le nozioni di attualità cinese.

b) Essere in grado di fornire spiegazioni ed interpretazioni sull'attualità cinese nel corso dell'insegnamento.

A.2.2.2.4 Nozioni sull'acquisizione della seconda lingua

A.2.2.2.4.1 Teorie sull'acquisizione della seconda lingua

Essere in grado di arricchire costantemente le proprie nozioni riguardanti le teorie di acquisizione della seconda lingua.

A.2.2.2.4.2 Nozioni sull'acquisizione della lingua cinese come seconda lingua

Essere in grado di fare proprie le conclusioni della ricerca sull'apprendimento della lingua cinese come seconda lingua ed applicarle all'insegnamento.

A.2.2.3 Abilità professionali

A.2.2.3.1 Elementi fondamentali e competenze nell'insegnamento del cinese

A.2.2.3.1.1 Capacità di insegnamento teorico della lingua cinese

Essere in grado di migliorare costantemente i metodi e le tecniche di insegnamento della fonetica, del lessico, della grammatica e della scrittura cinese per aiutare gli studenti a migliorare le loro competenze linguistiche.

A.2.2.3.1.2 Capacità di insegnamento pratico della lingua cinese

Essere in grado di migliorare costantemente le capacità di insegnamento pratico della lingua cinese nella pratica didattica, promuovendo lo sviluppo delle competenze linguistiche complessive degli studenti.

A.2.2.3.2 Comunicazione interculturale

A.2.2.3.2.1 Comprensione ed interpretazione culturale

a) Essere in grado di approfondire costantemente la propria comprensione della molteplicità e della diversità delle culture nel mondo.

b) Essere in grado di applicare le nozioni culturali nella formazione delle competenze degli studenti nella comunicazione interculturale.

A.2.2.3.2.2   Capacità di comunicazione interculturale

a) Essere in grado di identificare ed analizzare i fattori interculturali all'interno dell'insegnamento delle lingue, affrontando efficacemente le problematiche della comunicazione interculturale.

b) Essere in grado di condurre efficacemente lezioni della lingua cinese in diversi contesti culturali.

A.2.2.3.3   Strumenti didattici

A.2.2.3.3.1   Capacità di didattica digitale

Essere in grado di aggiornare continuamente le proprie nozioni ed abilità relative alla tecnologia didattica.

A.2.2.3.3.2   Uso delle risorse web e capacità nella didattica online

Essere in grado di migliorare costantemente le proprie competenze nell'utilizzo delle risorse didattiche online.

A.2.2.4   Pratiche professionali

A.2.2.4.1   Pianificazione della didattica

A.2.2.4.1.1   Pianificazione della didattica in classe

Essere in grado di creare piani didattici in maniera flessibile, competente e creativa in base agli standard di insegnamento della lingua cinese ed ai programmi di studio, per soddisfare gli obiettivi e le esigenze di apprendimento degli studenti.

A.2.2.4.1.2   Selezione ed utilizzo delle risorse didattiche

a) Essere in grado di utilizzare in maniera flessibile e competente una varietà di risorse didattiche per la lingua cinese in base agli obiettivi di insegnamento, ai contenuti didattici ed alle caratteristiche degli studenti.

b) Essere in grado di valutare l'adeguatezza dei materiali didattici e valutarne l'efficacia per l'insegnamento.

A.2.2.4.2   Attuazione della didattica

A.2.2.4.2.1   Didattica in classe

a) Essere in grado di documentare la didattica.

b) Essere in grado di organizzare attività didattiche in classe, ricche e diversificate, per stimolare la motivazione ed il coinvolgimento degli studenti, guidandoli verso un apprendimento efficace.

c) Essere in grado di rilevare le problematiche nel corso dell'insegnamento ed accumulare esperienza in maniera consapevole per migliorare costantemente le proprie competenze didattiche.

A.2.2.4.2.2   Organizzazione e gestione della classe

a) Essere in grado di prevenire e gestire adeguatamente le problematiche durante le lezioni sulla base dell'esperienza pratica, garantendo la normale prosecuzione della didattica.

b) Essere in grado di creare un ambiente di apprendimento sano, sicuro ed equo, adottando approcci e metodi appropriati per risolvere tempestivamente ed in modo imparziale i problemi.

c) Essere in grado di organizzare una varietà di attività extracurriculari per soddisfare le diverse esigenze di apprendimento della lingua cinese degli studenti.

A.2.2.4.3 Valutazione e riscontro dell'apprendimento

A.2.2.4.3.1 Valutazione dell'apprendimento

a) Essere in grado di comprendere appieno i punti di forza ed i limiti dei diversi metodi di valutazione, e scegliere le metodologie appropriate, per comprendere in maniera dinamica la situazione di apprendimento della lingua cinese da parte degli studenti.

b) Essere in grado di fare della valutazione dell'apprendimento una parte costitutiva della didattica, per accertare le esigenze degli studenti, stabilendo obiettivi di apprendimento stimolanti, e pianificare l'apprendimento futuro.

A.2.2.4.3.2 Riscontro sulla didattica

Essere in grado di fornire un resoconto tempestivo, accurato e costruttivo agli studenti ed al personale competente in base ai risultati della valutazione, per aiutare gli studenti a adeguare la propria pianificazione dell'apprendimento della lingua cinese.

A.2.2.5 Sviluppo professionale

A.2.2.5.1 Riflessione

A.2.2.5.1.1 Riflessione sulla didattica

a) Essere in grado di riflettere sull'intero processo didattico e di sviluppo professionale della lingua cinese.

b) Essere in grado di esaminare in maniera consapevole le conclusioni del riscontro sulla didattica per aiutare gli studenti a migliorare i risultati del proprio apprendimento。

A.2.2.5.1.2 Autovalutazione

Essere in grado di intraprendere una valutazione personale in modo consapevole per pianificare un percorso di miglioramento delle proprie competenze professionali.

A.2.2.5.2 Pianificazione dello sviluppo professionale

A.2.2.5.2.1 Apprendimento permanente

Essere in grado di applicare il concetto di apprendimento permanente a tutto il processo di didattica internazionale della lingua cinese e di sviluppo professionale.

A.2.2.5.2.2 Ricerca sulla didattica

Essere in grado di condurre una serie di ricerche sulla didattica del cinese.

A.2.2.5.2.3 Pianificazione della carriera

Essere in grado di stabilire obiettivi di sviluppo e progetti di ricerca per diverse fasi e pianificare complessivamente la propria carriera professionale.

A.2.3 Standard di certificazione per insegnanti internazionali della lingua cinese (livello avanzato)

A.2.3.1 Ideale professionale

A.2.3.1.1 Etica professionale

a) Essere in grado di sviluppare una solida comprensione dei principi etici e degli standard di comportamento nelle attività didattiche e guidare gli insegnanti di livello base ed intermedio nella comprensione delle norme etiche professionali e nel prendere decisioni corrette.

b) Essere in grado di fornire suggerimenti appropriati per lo sviluppo di politiche linguistiche, regolamenti e norme scolastiche, guidando gli insegnanti di livello base ed intermedio nella comprensione delle politiche di educazione linguistica e delle regole scolastiche.

A.2.3.1.2   Credito professionale

a) Essere in grado di comprendere le dinamiche e lo sviluppo della ricerca nel campo della didattica internazionale della lingua cinese

b) Essere in grado di guidare gli insegnanti di livello base ed intermedio nella comprensione dell'unicità, della professionalità e del valore del ruolo istituzionale dell'insegnante internazionale della lingua cinese.

c) Essere in grado di guidare gli insegnanti di livello base ed intermedio nella comprensione delle problematiche di comunicazione interculturale e migliorarne le competenze in tale ambito.

d) Essere in grado di guidare un gruppo, promuoverne la collaborazione ed avere un ruolo di leader nell'ambito dell'insegnamento, della ricerca scientifica e così via.

A.2.3.2   Nozioni professionali

A.2.3.2.1   Nozioni di didattica

Essere in grado di analizzare e risolvere i problemi dell'insegnamento internazionale della lingua cinese utilizzando in maniera integrata le nozioni relative alla pedagogia ed alla psicologia dell'educazione.

A.2.3.2.2   Nozioni di linguistica cinese e di linguistica generale

Possedere approfondite nozioni di linguistica cinese e di linguistica generale ed applicarle alla pratica dell'insegnamento.

A.2.3.2.3   Nozioni di cultura ed attualità cinesi

Essere in grado di fornire una guida sui contenuti e sui metodi di insegnamento relativi alla cultura od all'attualità cinesi rilevanti per la didattica.

A.2.3.2.4   Nozioni sull'acquisizione della seconda lingua

a) Essere in grado di utilizzare le teorie e le conclusioni della ricerca più avanzata sull'acquisizione della seconda lingua per valutare le pratiche di insegnamento della lingua cinese.

b) Essere in grado di dare indicazioni agli insegnanti di livello base ed intermedio sull'uso delle nozioni relative all'acquisizione della seconda lingua all'interno dell'insegnamento della lingua cinese.

A.2.3.3   Abilità professionali

A.2.3.3.1   Elementi fondamentali e competenze nell'insegnamento del cinese

a) Essere specializzati e distinti nell'insegnamento degli elementi della lingua cinese o delle competenze linguistiche cinesi.

b) Essere in grado di guidare gli insegnanti di livello base ed intermedio nel migliorare le loro abilità nell'insegnamento degli elementi della lingua cinese o delle competenze linguistiche cinesi.

· Standard delle competenze professionali per gli insegnanti di cinese per stranieri ·

A.2.3.3.2   Comunicazione interculturale

a) Essere in grado di guidare gli insegnanti di livello base ed intermedio nel miglioramento delle loro capacità di comprendere ed interpretare la cultura cinese.

b) Essere in grado di fornire ad insegnanti di livello base ed intermedio una guida all'insegnamento negli ambiti della cultura e dell'attualità cinesi e della comunicazione interculturale.

A.2.3.3.3   Strumenti didattici

Essere in grado di dare suggerimenti indicativi agli insegnanti di livello base ed intermedio sulla didattica digitale.

A.2.3.4   Pratiche professionali

A.2.3.4.1   Pianificazione didattica

a) Essere in grado di organizzare o guidare gli insegnanti di livello base ed intermedio nella formulazione di piani didattici della lingua cinese ed aiutarli a sviluppare le proprie pratiche di insegnamento.

b) Essere in grado di organizzare o guidare gli insegnanti di livello base ed intermedio nello sviluppo di risorse didattiche in lingua cinese.

A.2.3.4.2   Attuazione della didattica

a) Essere in grado di valutare le attività di insegnamento degli insegnanti di livello base ed intermedio attraverso l'ascolto delle lezioni, l'osservazione e la discussione, e fornire suggerimenti e consigli per aiutarli a migliorare la qualità dell'insegnamento in classe.

b) Essere in grado di innovare concezione e metodo di insegnamento e di guidare gli insegnanti di livello base ed intermedio nel migliorare le proprie competenze nell'organizzazione e nella gestione delle lezioni.

A.2.3.4.3   Valutazione e riscontro dell'apprendimento

a) Essere in grado di sviluppare criteri di valutazione e condurre un lavoro di valutazione.

b) Essere in grado di fornire agli insegnanti di livello base ed intermedio suggerimenti indicativi per migliorare il proprio insegnamento.

c) Essere in grado di fornire riscontri tempestivi, accurati e costruttivi agli studenti, ai colleghi, ai familiari e ad altri soggetti interessati, riguardo ai progressi ed allo sviluppo degli studenti.

A.2.3.5   Sviluppo professionale

A.2.3.5.1   Riflessione

a) Essere in grado di affinare l'esperienza di insegnamento attraverso la riflessione.

b) Essere in grado di guidare gli insegnanti di livello base ed intermedio nella riflessione sull'insegnamento

A.2.3.5.2   Pianificazione dello sviluppo professionale

a) Essere in grado di guidare gli studenti e gli insegnanti di livello base ed intermedio a diventare, durante il processo di sviluppo professionale, studenti in costante apprendimento per tutta la vita.

b) Essere in grado di condurre ricerche in un determinato campo della didattica internazionale della lingua cinese ed ottenere risultati certi.

c) Essere in grado di organizzare attività di ricerca sulla didattica e sull'insegnamento.

d) Essere in grado di guidare gli insegnanti di livello base ed intermedio nella pianificazione della carriera.

A.3 Ambito di certificazione

Lo "Standard di certificazione" si applica alla certificazione delle competenze professionali nell'insegnamento della lingua cinese come seconda lingua, che siano cittadini cinesi o non cinesi. Questo comprende l'accettazione delle domande, degli esami, delle valutazioni, della formazione e delle altre attività correlate. L'ambito di certificazione comprende insegnanti della lingua cinese come seconda lingua in Cina che si rivolgono agli studenti non cinesi, insegnanti della lingua cinese inviati all'estero, insegnanti della lingua cinese locali all'estero, insegnanti della lingua cinese online ed altri insegnanti della lingua cinese come seconda lingua in tutto il mondo.

A.4 Modalità di certificazione

La certificazione viene effettuata in base ai criteri di certificazione per i livelli base, intermedio ed avanzato stabiliti nello "Standard di certificazione". La certificazione può essere ottenuta attraverso esami professionali, formazione o valutazione complessiva. I candidati attraverso la certificazione possono ottenere separatamente l'attestato corrispondente ai livelli base, intermedio ed avanzato dello Standard.

A.2.3.4.2 教学实施

a）能够通过听课、观摩、研讨等，对初、中级教师教学活动进行点评，并提出改进意见和建议，帮助其提高课堂教学质量。

b）能够创新教学理念和方法，指导初、中级教师提升课堂组织与管理能力。

A.2.3.4.3 学习评估与反馈

a）能够制定评估标准，开展评估工作。

b）能够对初、中级教师提出改进教学工作的指导性意见。

c）能够就学习者的进步和发展向学习者、同事、家长等相关者提供及时、准确和建设性的反馈意见。

A.2.3.5 专业发展

A.2.3.5.1 反思

a）能够基于反思提炼教学经验。

b）能够指导初、中级教师进行教学反思。

A.2.3.5.2 专业发展规划

a）能够在专业发展过程中引导学习者及初、中级教师成为一名终身学习者。

b）能够在国际中文教育某一领域进行研究，并取得一定成果。

c）能够组织教育教学研究活动。

d）能够向初、中级教师提供职业规划指导。

A.3 认定范围

《认定规范》适用于为认定中国公民或外国公民中文作为第二语言教学专业能力所开展的受理、考试、考核、培训等工作。认定范围包括中国国内面向留学生的中文教师、外派中文教师、海外本土中文教师、线上中文教师等全球范围内从事中文作为第二语言教学的教师。

A.4 认定方式

根据《认定规范》初级、中级、高级三个等级认定标准实施认定，可采取专业考试、培训或综合评审的方式进行。申请人经认定可分别获得《国际中文教师证书（初级）》《国际中文教师证书（中级）》《国际中文教师证书（高级）》相应等级的证书。

· 国际中文教师专业能力标准（中意对照）·

A.2.3 国际中文教师（高级）认定标准

A.2.3.1 专业理念

A.2.3.1.1 职业道德

a）能够在从事教学活动中形成稳定的道德观念和行为规范，指导初、中级教师理解职业道德规范并进行正确判断。

b）能够为学校制定语言政策、规则制度提出合理建议，指导初、中级教师理解语言教育政策及学校规章制度。

A.2.3.1.2 专业信念

a）能够了解国际中文教育研究前沿动态和发展情况。

b）能够指导初、中级教师理解国际中文教师职业独特性、专业性及职业价值。

c）能够指导初、中级教师理解跨文化交际问题，提高其跨文化交际能力。

d）能够领导团队，促进团队合作，在教学、科研等方面发挥引领作用。

A.2.3.2 专业知识

A.2.3.2.1 教育知识

能够综合运用教育学、教育心理学相关知识，分析、解决国际中文教育中的问题。

A.2.3.2.2 中文和语言学知识

具有丰富的中文及语言学知识，并应用于中文教学实践。

A.2.3.2.3 中华文化与中国国情知识

能够就教学中涉及中华文化或中国国情的教学内容和教学方法提出指导性建议。

A.2.3.2.4 第二语言习得知识

a）能够运用第二语言习得理论和前沿研究成果，评价中文教学实践。

b）能够就第二语言习得知识在中文教学中的运用对初、中级教师进行指导。

A.2.3.3 专业技能

A.2.3.3.1 中文要素教学与技能教学

a）能够在中文要素教学或中文技能教学方面具有专长和特色。

b）能够指导初、中级教师提高中文要素教学或中文技能教学的能力。

A.2.3.3.2 跨文化交际

a）能够指导初、中级教师提高中华文化理解与阐释的能力。

b）能够为初、中级教师提供中华文化、中国国情、跨文化交际等方面的教学指导。

A.2.3.3.3 教育技术

能够为初、中级教师信息化教学提出指导性建议。

A.2.3.4 专业实践

A.2.3.4.1 教学计划

a）能够组织或指导初、中级教师制定中文教学计划，帮助教师开展教学实践。

b）能够组织或指导初、中级教师开发中文教学资源。

T/ISCLT 001—2022

A.2.2.4.1.2 教学资源选择与利用

a）能够根据教学目标、教学内容和学习者特点，灵活、熟练地使用各类中文教学资源。

b）能够评价教学材料的适用性，并对教学效果进行评估。

A.2.2.4.2 教学实施

A.2.2.4.2.1 课堂教学

a）能够示范教学。

b）能够组织丰富多彩的课堂教学活动，激发学习者的积极性和主动性，指导学习者有效学习。

c）能够在教学中有意识地发现问题、积累经验，不断提高教学技能。

A.2.2.4.2.2 课堂组织与管理

a）能够根据实践经验预防及恰当处理课堂教学问题，保证正常教学秩序。

b）能够营造健康、安全、平等的学习环境，采取恰当的方式方法，及时、公正地解决问题。

c）能够组织多种课外活动，满足学习者多样的中文学习需求。

A.2.2.4.3 学习评估与反馈

A.2.2.4.3.1 学习评估

a）能够充分了解不同评估方法的优点与局限性，选取适当的方法，动态了解学习者中文学习情况。

b）能够将学习评估作为教学的一部分，诊断学习者的需求，确立具有挑战性的学习目标，并规划未来学习。

A.2.2.4.3.2 教学反馈

能够根据评估结果，为学习者及相关人员提供及时、准确、有建设性的反馈意见，帮助学习者调整中文学习规划。

A.2.2.5 专业发展

A.2.2.5.1 反思

A.2.2.5.1.1 教学反思

a）能够将反思贯穿于中文教育与专业发展全过程。

b）能够有意识地检验教学反思结果，帮助学习者提高学习成绩。

A.2.2.5.1.2 自我评估

能够有意识地进行自我评估，为自身专业能力的提高制定计划。

A.2.2.5.2 专业发展规划

A.2.2.5.2.1 终身学习

能够将终身学习的理念贯穿于国际中文教育与专业发展全过程。

A.2.2.5.2.2 教学研究

能够开展中文教学系列研究。

A.2.2.5.2.3 职业规划

能够制定不同阶段的发展目标、研究计划，全面规划自己的职业生涯。

15

·国际中文教师专业能力标准（中意对照）·

A.2.2.2.3 中华文化与中国国情知识

A.2.2.2.3.1 中华文化知识

a）能够不断丰富中华文化知识。

b）能够对教学中的中华文化知识进行说明和阐释。

A.2.2.2.3.2 中国国情知识

a）能够不断丰富中国国情知识。

b）能够对教学中的中国国情知识进行说明和阐释。

A.2.2.2.4 第二语言习得知识

A.2.2.2.4.1 第二语言习得理论

能够不断丰富第二语言习得理论方面的知识。

A.2.2.2.4.2 中文作为第二语言习得知识

能够吸取中文作为第二语言习得的研究成果，并应用于教学。

A.2.2.3 专业技能

A.2.2.3.1 中文要素教学与技能教学

A.2.2.3.1.1 中文要素教学能力

能够不断改进中文语音教学、词汇教学、语法教学、汉字教学方法和技巧，帮助学习者提高语言能力。

A.2.2.3.1.2 中文技能教学能力

能够在教学实践中不断提高中文技能教学能力，促进学习者综合语言能力的发展。

A.2.2.3.2 跨文化交际

A.2.2.3.2.1 文化理解力与阐释力

a）能够不断深入理解世界文化的多样性、文化差异性。

b）能够将有关文化知识应用于学习者跨文化交际能力的培养中。

A.2.2.3.2.2 跨文化交际能力

a）能够识别和分析语言教学中的跨文化因素，有效处理跨文化交际问题。

b）能够在不同的文化氛围下有效开展中文教学。

A.2.2.3.3 教育技术

A.2.2.3.3.1 信息化教学能力

能够不断更新教育技术知识和技能。

A.2.2.3.3.2 网络资源运用与线上教学能力

能够不断提高运用网络教学资源的能力。

A.2.2.4 专业实践

A.2.2.4.1 教学计划

A.2.2.4.1.1 课堂教学计划

能够根据相关中文教学标准和教学大纲，灵活、熟练、创造性地制定课程教学计划，满足学习者的学习目标、学习需求。

发展。

A.2.1.5.2.3 职业规划

a）能够了解国际中文教师专业发展的内容、需求和方向。

b）能够了解国际中文教师职业生涯阶段性特点，并对专业发展规划具有初步设想。

A.2.2 国际中文教师（中级）认定标准

A.2.2.1 专业理念

A.2.2.1.1 职业道德

A.2.2.1.1.1 职业操守

能够对国际中文教师的职业道德、行为规范有深入的理解。

A.2.2.1.1.2 法规意识

能够对任教国家、地区和学区的语言教育政策、学校的规章制度有深入的理解。

A.2.2.1.2 专业信念

A.2.2.1.2.1 专业态度

a）能够了解国际中文教育发展的历史、进程和趋势。

b）能够对国际中文教育的独特性、专业性及职业价值有深入的理解。

c）能够致力于建立公平、互相尊重、互相信任的师生关系。

A.2.2.1.2.2 多元文化意识

能够在教学实践中深入地理解文化多样性。

A.2.2.1.2.3 合作精神

a）能够促进团队合作，并提出建议和反馈意见，有效支持同事的专业发展。

b）能够与同事、家长、社区及其他相关者建立相互尊重的合作关系。

A.2.2.2 专业知识

A.2.2.2.1 教育知识

A.2.2.2.1.1 教育学知识

能够运用教育学研究成果，帮助学习者提高学习效率。

A.2.2.2.1.2 教育心理学知识

能够运用教育心理学研究成果，帮助学习者解决学习中的问题，实现学习者的个性化发展。

A.2.2.2.2 中文和语言学知识

A.2.2.2.2.1 中文知识

a）能够不断地丰富中文语音、词汇、语法、汉字及语用、语篇知识，并应用于教学。

b）能够综合运用中文知识，分析语言现象，解决教学问题。

A.2.2.2.2.2 语言学知识

a）能够吸取语言学领域的研究成果，并应用于教学。

b）能够综合运用语言学知识，分析语言现象，解决教学问题。

·国际中文教师专业能力标准（中意对照）·

f）能够选择合适的教学语言、教学媒体、教具，设计合适的板书，帮助学习者理解学习内容和学习任务。

g）能够运用信息化教学手段进行教学。

A.2.1.4.2.2 课堂组织与管理

a）能够采用恰当的教学与管理手段，组织课堂活动，维持课堂秩序，创设良好的课堂学习环境。

b）能够合理安排教学，有效管理时间，帮助学习者提高学习效率，完成学习任务。

c）能够注重课堂互动，具备沟通意识，安排有效的教学活动。

d）能够制定课堂管理规则，有效地处理课堂纪律问题，应对课堂突发事件。

e）能够拓展课外学习，组织课外活动。

A.2.1.4.3 学习评估与反馈

A.2.1.4.3.1 学习评估

a）能够了解学习评估的基本知识与方法，运用与教学目标和学习者相适应的评估方式，对学习者的学习活动进行评估。

b）能够指导学习者自我评估，帮助学习者反思并确定新的学习目标。

c）能够理解、分析评估结果，诊断学习者需求，指导中文教学。

A.2.1.4.3.2 教学反馈

a）能够掌握发现、分析和解决学习者学习和发现问题的方法。

b）能够与学习者及相关人员交流学习者的中文学习情况，提出反馈与建议。

A.2.1.5 专业发展

A.2.1.5.1反思

A.2.1.5.1.1 教学反思

a）能够了解教学反思的基本方法和策略。

b）能够通过分析学习者行为、学习成效，同行观摩和交流，撰写教学日志等途径对自己的教学进行反思。

c）能够将反思结果运用于实践，改进教学。

A.2.1.5.1.2 自我评估

能够对教学活动中自身教育理念、态度、知识结构及能力水平进行初步的评估，并通过自我评估制定有效的改进方案。

A.2.1.5.2 专业发展规划

A.2.1.5.2.1终身学习

能够具备终身学习与持续发展的意识和基本能力。

A.2.1.5.2.2 教学研究

a）能够参加与专业发展相关的专业培训、专题讲座、学术会议等活动，加深对国际中文教育的理解，提高教育教学能力。

b）能够掌握教育教学研究基本方法，具备基本的教育行动研究能力，促进自身专业持续

A.2.1.3.3 教育技术

A.2.1.3.3.1 信息化教学能力

a）能够了解教育技术在中文教学中的作用，具有将信息技术与中文教学过程深度融合的意识。

b）能够根据教学目标、教学内容和学习者特点选择合适的信息化教学手段。

c）能够了解常用信息化教学设施使用方法，掌握教学所需的信息化技术，具备设计、制作课件等教学资源的能力。

A.2.1.3.3.2 网络资源运用与线上教学能力

a）能够检索、采集、选择网络教学资源，具备在教学中运用资源库的能力。

b）能够利用网络平台开展线上及线上线下相结合的中文教学与管理。

A.2.1.4 专业实践

A.2.1.4.1 教学计划

A.2.1.4.1.1 课堂教学计划

a）能够了解相关教学标准和教学大纲，掌握撰写教学计划的基本原则与方法。

b）能够制定适合学习者年龄、文化背景、中文水平、兴趣爱好、认知特点、学习需求等因素的教学目标。

c）能够合理确定中文教学内容，设计与教学目标相适应的教学活动，注重培养学习者自主学习与合作学习能力。

d）能够根据教学目标与教学资源，选择合适的教学方法，安排教学环节，设计练习与测试。

e）能够准备教学所需的课件、教具等辅助材料。

f）能够掌握教案设计的方法和技巧，明确教学目标，分析学习对象，确定教学重难点、教学流程，设计教学场景，确定教学策略以及教学评价，完成指定教学内容的教案设计。

g）能够具有初步的跨学科意识，将中文课程与其他科目、课内学习与课外学习相关联。

A.2.1.4.1.2 教学资源选择与利用

a）能够根据教学目标、教学内容和学习者特点，选择合适的教材、教辅材料、教具、中文教学平台以及现代化教学手段。

b）能够根据学习者中文水平和需求，灵活使用和改编教材。

c）能够在现有资源无法满足教学需求时，开发新的中文教学资源。

d）能够运用恰当的融媒体教学资源和教学辅助工具实现教学目标。

A.2.1.4.2 教学实施

A.2.1.4.2.1课堂教学

a）能够根据教学实际需求设置恰当的教学情景。

b）能够根据学习者需求和教学环境的变化，灵活有效地调整教学计划和教学策略。

c）能够营造学习者主动参与的学习氛围，激发学习者的学习兴趣。

d）能够根据教学设计和教学目标采取正确的教学方法。

e）能够较为合理地安排教学环节和教学步骤，完成课堂教学。

·国际中文教师专业能力标准（中意对照）·

b）能够运用中文作为第二语言习得知识，解决教师教学和学习者学习中的问题。

A.2.1.3 专业技能

A.2.1.3.1 中文要素教学与技能教学

A.2.1.3.1.1中文要素教学能力

a）能够掌握中文语音教学的常用方法和技巧，帮助学习者了解中文语音的特点，培养学习者的听辨和发音能力。

b）能够掌握中文词汇教学的常用方法和技巧，帮助学习者了解中文词汇的特点，掌握词汇学习策略，培养学习者的词汇运用能力。

c）能够掌握中文语法教学的常用方法和技巧，帮助学习者了解中文语法的特点，理解常用语法点的结构与功能，并能够在语境中恰当使用。

d）能够掌握汉字教学的常用方法和技巧，帮助学习者了解汉字的特点，掌握汉字的形音义知识，培养学习者汉字认读、书写和电子输入的能力。

e）能够掌握判断、分析、处理偏误的基本原则与方法，有效处理学习者在语音、词汇、语法、汉字等方面的偏误。

A.2.1.3.1.2 中文技能教学能力

a）能够了解中文听力教学的目标与内容，帮助学习者掌握听力理解的技巧，提高理解不同类型听力材料的能力。

b）能够了解中文口语教学的目标与内容，帮助学习者掌握交际策略，提高在不同场景中使用中文进行交流的能力。

c）能够了解中文阅读教学的目标与内容，帮助学习者掌握阅读技巧，提高理解不同类型阅读材料的能力。

d）能够了解中文写作教学的目标与内容，帮助学习者掌握写作技巧，提高中文书面表达能力。

e）能够了解第二语言主要教学法，并运用于中文技能教学。

A.2.1.3.2 跨文化交际

A.2.1.3.2.1 文化理解力与阐释力

a）能够了解语言和文化的基本概念、语言和文化的内在关系。

b）能够了解世界文化多样性，了解文化因素对语言学习的影响。

c）能够了解主要文化的特点，尊重不同文化，适应不同文化环境。

d）能够就教学中所涉及的中华文化和中国国情知识加以阐释。

e）能够组织文化实践，帮助学习者了解中华文化的内涵。

A.2.1.3.2.2 跨文化交际能力

a）能够了解跨文化交际的基本理论、原则和策略。

b）能够掌握跨文化交际技巧，运用不同的策略，有效解决跨文化交际中遇到的问题。

T/ISCLT 001-2022

A.2.1.1.2.2 多元文化意识

a）能够了解文化的多样性，具有开放包容的态度。

b）能够尊重任教国家和地区的文化传统与社会现实。

c）能够引导学习者正确理解和看待不同国家和民族的文化。

A.2.1.1.2.3 合作精神

a）能够寻求与同事合作的机会，分享教学实践中的经验，具备团队协作精神。

b）能够支持学习者的学习，具备与同事、家长、社区及其他相关者开展合作的意识。

A.2.1.2 专业知识

A.2.1.2.1 教育知识

A.2.1.2.1.1 教育学知识

a）能够了解教育学基本原理和方法，以及教育的一般规律。

b）能够运用教育学原理和方法，分析和解决国际中文教育中的现象和问题。

A.2.1.2.1.2 教育心理学知识

a）能够了解教育心理学的基本原理和方法。

b）能够了解不同教学对象的学习特点、行为习惯和心理发展规律。

c）能够运用教育心理学原理和方法，分析和解决国际中文教育中的现象和问题。

A.2.1.2.2 中文和语言学知识

A.2.1.2.2.1中文知识

a）能够了解、熟悉《汉语拼音方案》，掌握中文语音、词汇、语法基础知识，并描述、分析和解释中文语音、词汇、语法的特点。

b）能够掌握汉字基础知识，并描述、分析和解释汉字的特点。

c）能够掌握中文语用、语篇基础知识，并描述、分析和解释中文语用、语篇的特点。

A.2.1.2.2.2语言学知识

能够掌握语言学基础知识，了解语言普遍性和中文特殊性，并进行语言对比。

A.2.1.2.3 中华文化与中国国情知识

A.2.1.2.3.1 中华文化知识

能够了解并介绍教学中涉及的历史、哲学、文学、艺术、民俗等中华文化知识。

A.2.1.2.3.2 中国国情知识

能够了解并介绍教学中涉及的中国社会、政治、经济、教育、科技、生态等国情知识。

A.2.1.2.4 第二语言习得知识

A.2.1.2.4.1 第二语言习得理论

a）能够了解第二语言习得基本理论。

b）能够了解第二语言习得和母语习得的异同。

c）能够了解学习者个体差异对第二语言习得的影响。

A.2.1.2.4.2 中文作为第二语言习得知识

a）能够了解中文语音、词汇、语法、语篇、汉字等知识的习得规律与特点。

9

·国际中文教师专业能力标准（中意对照）·

（续）

模块	一级指标	二级指标
专业实践	教学计划	课堂教学计划
		教学资源选择与利用
	教学实施	课堂教学
		课堂组织与管理
	学习评估与反馈	学习评估
		教学反馈
专业发展	反思	教学反思
		自我评估
	专业发展规划	终身学习
		教学研究
		职业规划

A.2 认定标准

初级、中级、高级三个等级分模块进行描述，各等级专业能力要求依次递进，高级别涵盖低级别的能力要求。

A.2.1 国际中文教师（初级）认定标准

A.2.1.1 专业理念

A.2.1.1.1 职业道德

A.2.1.1.1.1 职业操守

a）能够了解并遵守国际中文教师的职业道德和行为规范。

b）能够明确自己的职责范围，具备教师责任意识。

c）能够具备尊重学习者权益、公平对待每一位学习者的意识。

d）能够掌握国际中文教师职业道德的评价准则和相关问题的分析方法。

A.2.1.1.1.2 法规意识

a）能够了解任教国家、地区和学区的语言教育政策。

b）能够了解并遵守学校及相关教育机构的规章制度。

c）能够分析评价教育教学实践中的基本法律问题。

A.2.1.1.2 专业信念

A.2.1.1.2.1 专业态度

a）能够了解国际中文教育的独特性与专业性，认同国际中文教师的职业价值。

b）能够尊重学习者发展规律和中文学习规律。

c）能够以实现学习者发展为目标，提供适合学习者特点的国际中文教育。

d）能够遵循教育规律，尊重自己的职业，用专业的态度认真对待中文教学工作。

附录A
（规范性）
国际中文教师专业能力分级认定规范

    根据《标准》，《国际中文教师专业能力分级认定规范》（以下简称"《认定规范》"）面向初级、中级、高级三个能力等级的教师提出更具针对性的能力侧重要求。初级教师的定位主要是合格的国际中文新手教师；中级教师的定位主要是具有较丰富实践经验，处于专业和职业发展阶段的成熟型教师；高级教师的定位主要是在前两者的基础上，具备指导其他教师的经验和能力的研究型、专家型教师。

A.1 评价指标

    《认定规范》包含专业理念、专业知识、专业技能、专业实践和专业发展5个评价模块，共设14个一级指标，30个二级指标。初、中级评价指标包括一级指标和二级指标；高级评价不再进行二级指标的细致描述，仅包含一级指标及描述内容。

表A.1 《认定规范》评价指标体系

模块	一级指标	二级指标
专业理念	职业道德	职业操守
		法规意识
	专业信念	专业态度
		多元文化意识
		合作精神
专业知识	教育知识	教育学知识
		教育心理学知识
	中文和语言学知识	中文知识
		语言学知识
	中华文化与中国国情知识	中华文化知识
		中国国情知识
	第二语言习得知识	第二语言习得理论
		中文作为第二语言习得知识
专业技能	中文要素教学与技能教学	中文要素教学能力
		中文技能教学能力
	跨文化交际	文化理解力与阐释力
		跨文化交际能力
	教育技术	信息化教学能力
		网络资源运用与线上教学能力

·国际中文教师专业能力标准（中意对照）·

6.2 师资培养及培训

《标准》可以指导各高校国际中文教育专业不同层次的人才培养、课程设置、教育实践等，也可用于规范不同教师教育组织和机构进行教师培训及评价的内容。

6.3 教师专业能力认定

《标准》的框架、内容和描述方式为国际中文教师专业能力考试及认定提供了评价的内容和重点，能够为国际中文教师专业能力认定制定相应的评价标准、评价程序、证书类别等（遵照附录A的规定）。

6.4 教师专业发展与职业规划

《标准》系统描述了国际中文教师需具备的态度、知识、技能等，为国际中文教师提供了专业发展方向和指南，能够引导教师对自身职业生涯进行合理规划。

T/ISCLT 001–2022

（续）

一级指标	二级指标	具体描述
专业实践	课堂教学计划	1. 熟悉相关教学标准和教学大纲，掌握撰写教学计划的基本原则与方法。 2. 制定适合学习者年龄、文化背景、中文水平、兴趣爱好、认知特点、学习需求等因素的教学目标。 3. 合理确定中文教学内容，设计与教学目标相适应的教学活动，注重培养学习者自主学习与合作学习能力。 4. 根据教学目标与教学资源，选择教学方法，安排教学环节，设计练习与测试。 5. 合理设计板书，准备教学所需的课件、教具等辅助材料。 6. 具有跨学科意识，能够将中文课程与其他科目、课内学习与课外学习相关联。
	教学资源选择与利用	1. 根据中文教学实际需要，选择合适的教学资源。 2. 根据学习者中文水平和需求，灵活使用和改编教材。 3. 在现有资源无法满足教学需求时，能够开发新的中文教学资源。
	课堂组织与管理	1. 选用合适的教学语言，帮助学习者理解学习内容和学习任务。 2. 采用恰当的教学手段和策略，激发学习者学习兴趣。 3. 组织有效的教学活动，提高学习者参与积极性。 4. 合理安排教学环节和步骤，帮助学习者完成学习任务。 5. 有效管理时间，注重课堂互动与反馈，提高教学效率。 6. 制定课堂管理规则，营造健康、安全、平等的学习环境，采取恰当的方式方法，及时、公正地解决问题。 7. 组织课外活动，拓展课外学习。
	学习评估与反馈	1. 运用与教学目标相适应的多元评估方式，评估学习者中文学习成效。 2. 指导学习者自我评估，帮助学习者反思、完善学习计划。 3. 理解、分析评估结果，诊断学习者需求，帮助学习者确定新的学习目标。 4. 与学习者及相关人员交流学习者的中文学习情况，提出反馈与建议。
专业发展	教学反思	1. 具备反思意识，将反思贯穿于国际中文教育与专业发展全过程。 2. 通过分析学习者学习成效、同行观摩交流、撰写反思日志等途径，进行反思与自我评估。 3. 能够将反思结果运用于实践，改进教学。
	专业发展规划	1. 具有自我发展意识和终身学习理念，能够制定不同阶段的专业发展目标。 2. 参加与专业发展相关的专业培训、专题讲座、学术会议等活动，加深对国际中文教育的理解，提高教育教学能力。 3. 掌握教育教学研究基本方法，具备基本的教育行动研究能力，促进自身专业持续发展。

6 实施建议

6.1 指导教育教学活动

《标准》对国际中文教师进行教育教学活动所涉及的态度、知识、技能、专业发展等提出了明确要求，教师可依据《标准》开展教学，保证教育教学活动的科学性和有效性。

·国际中文教师专业能力标准（中意对照）·

（续）

一级指标	二级指标	具体描述
	第二语言习得知识	1. 了解第二语言习得基本理论及中文作为第二语言习得的主要特点。 2. 了解第二语言习得和母语习得的异同。 3. 了解学习者个体差异对第二语言习得的影响。 4. 了解不同年龄阶段和不同群体学习者中文学习的特点。 5. 能够运用第二语言习得知识，解决教师教学和学习者学习中的问题。
专业技能	中文要素教学	1. 掌握中文语音教学的常用方法和技巧，帮助学习者了解中文语音的特点，培养学习者的听辨和发音能力。 2. 掌握中文词汇教学的常用方法和技巧，帮助学习者了解中文词汇的特点，掌握词汇学习策略，培养学习者词汇运用能力。 3. 掌握中文语法教学的常用方法和技巧，帮助学习者了解中文语法的特点，理解常用语法点的结构与功能，并能够在语境中恰当使用。 4. 掌握汉字教学的常用方法和技巧，帮助学习者了解汉字的特点，掌握汉字的形音义知识，培养学习者汉字认读、书写和电子输入能力。 5. 理解语言与文化的关系，能够处理语言要素中的文化因素，帮助学习者理解语言中的文化。 6. 掌握判断、分析、处理偏误的基本原则与方法，能够有效处理学习者在语音、词汇、语法、汉字等方面的偏误。
	中文技能教学	1. 熟悉中文听力教学的目标与内容，帮助学习者掌握听力理解的技巧，提高理解不同类型听力材料的能力。 2. 熟悉中文口语教学的目标与内容，帮助学习者掌握交际策略，提高在不同场景中使用中文进行交流的能力。 3. 熟悉中文阅读教学的目标与内容，帮助学习者掌握阅读技巧，提高理解不同类型阅读材料的能力。 4. 熟悉中文写作教学的目标与内容，帮助学习者掌握写作技巧，提高中文书面表达能力。 5. 了解中文翻译教学的目标与内容，帮助学习者掌握基本的翻译方法和技巧，具备相应的翻译能力。 6. 了解第二语言主要教学法，能够恰当地运用于中文技能教学。
	跨文化交际	1. 了解世界文化的多样性，尊重不同文化，培养学习者文化平等意识和文化理解能力。 2. 了解任教地区人们在思维方式、价值观念、交际规约、行为方式等方面的主要特点，适应不同文化环境。 3. 掌握跨文化交际的基本理论，能够运用不同策略，有效解决教学中的跨文化交际问题。
	教育技术	1. 了解并关注前沿技术应用于国际中文教育的最新进展，理解教育技术在中文教学中的本质作用，具有将信息技术与中文教学过程深度融合的意识。 2. 能够根据教学目标、教学内容和学习者特点选择合适的信息化教学手段。 3. 了解常用信息化教学设施使用方法，掌握教学所需的信息化技术，具备设计、制作课件等教学资源的能力。 4. 能够检索、采集、选择网络教学资源，具备在教学中运用资源库的能力。 5. 能够利用网络平台开展线上及线上线下相结合的中文教学与管理。 6. 在资源建设特别是本土化、职业化建设与应用等方面，具有创新意识。 7. 具备基本信息伦理，包括明确知晓保护知识产权、尊重他人信息、重视信息安全等。

T/ISCLT 001-2022

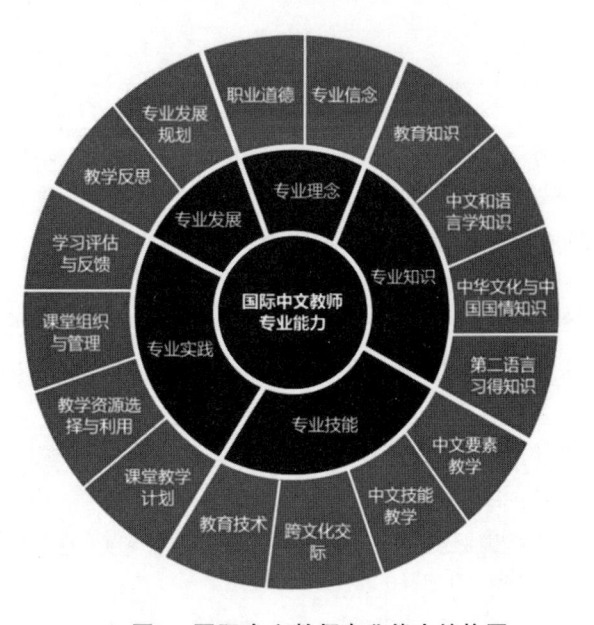

图1 国际中文教师专业能力结构图

表1 国际中文教师专业能力指标体系

一级指标	二级指标	具体描述
专业理念	职业道德	1. 遵守国际中文教师职业道德。 2. 了解任教国家、地区和学区的语言教育政策和法规，并在国际中文教育中执行。 3. 遵守任教学校及相关教育机构的规章制度。 4. 尊重学习者权益，公平公正对待每一位学习者。
	专业信念	1. 理解国际中文教育的独特性和专业性，认同国际中文教师的职业价值。 2. 尊重学习者发展规律和中文学习规律，提供适合学习者特点的国际中文教育内容和教育形式。 3. 具有开放包容的态度，尊重任教国家和地区的文化传统与社会现实。 4. 具有团队协作精神，与同事、家长、社区及其他相关者开展合作。
专业知识	教育知识	1. 理解教育学、教育心理学基本理论，掌握相关基础知识。 2. 理解认知科学、学习科学相关理论，了解不同学习者认知特点和心理发展规律。 3. 能够综合运用教育教学相关知识，分析、解决国际中文教育中的问题。
	中文和语言学知识	1. 掌握中文语音、词汇、语法基础知识，能够描述、分析和解释中文语音、词汇、语法的特点。 2. 掌握汉字基础知识，能够分析汉字字形、解释汉字的特点。 3. 掌握中文语用、语篇基础知识，能够描述、分析和解释中文语用、语篇的特点。 4. 具备语言学基础知识，了解语言普遍性和中文特殊性，能够进行语言对比。 5. 能够综合运用中文和语言学知识，分析语言现象，解决教学问题。
	中华文化与中国国情知识	1. 了解并能够介绍教学中涉及的历史、哲学、文学、艺术、民俗等中华文化知识。 2. 了解并能够介绍教学中涉及的中国社会、政治、经济、教育、科技、生态等国情知识。 3. 分析常见的社会和文化现象，解决教学与交流中的问题。 4. 能够认识到文化是涵盖古今的，也是在不断变化的。

3

·国际中文教师专业能力标准（中意对照）·

4 基本理念

4.1 师德为先

遵守教师职业道德，具有国际中文教育专业信念。

4.2 素养为基

能够将国际中文教育学科知识和教学技能相结合并运用于教学实践。具备从事国际中文教育所需的教育知识、中文和语言学知识、中华文化与中国国情知识和第二语言习得知识，具备从事国际中文教育所需的中文要素教学、中文技能教学和教育技术应用等技能，能制定课堂教学计划、选择与利用教学资源、组织教学、管理课堂、评估学习者并提供反馈、进行教学反思，保障教学任务顺利完成。

4.3 学习者为本

尊重学习者发展规律和中文学习规律，提供适合学习者特点的国际中文教育内容和教育形式，充分调动学习者的学习热情，帮助学习者实现中文学习目标并促进学习者的发展。

4.4 具备跨文化交际能力

在了解中华文化的同时，了解世界文化的多样性，尊重不同文化，能够运用不同策略有效进行跨文化交际。

4.5 注重合作

具有开放包容的态度和团队协作精神，重视学习者合作学习能力的培养，能够与同事、家长、社区及其他相关者开展合作。

4.6 终身学习

具有终身学习与持续发展的意识和能力，学习国际中文教育相关理论，了解国际中文教育发展概况，提高专业素养，实现自身专业的持续发展。

5 基本内容

国际中文教师的专业能力一般包含专业理念、专业知识、专业技能、专业实践和专业发展5个一级指标，16个二级指标（如图1和表1）。

国际中文教师专业能力标准

1 范围

本文件规定了国际中文教师的基本专业要求，包括术语和定义、基本理念、基本内容、实施建议等。

本文件适用于国际中文教师的培养、培训、专业能力评价与认定、专业发展与职业规划等。其他教师专业人才培养可参照执行。

2 规范性引用文件

本文件中引用的文件对于本文件的应用是必不可少的。凡是标注日期的引用文件，仅所注日期的版本适用于本文件。未标注日期的引用文件，其最新版本（包括所有的修改单）适用于本文件。

《中华人民共和国教育法》

《中华人民共和国教师法》

《中华人民共和国国家通用语言文字法》

《国际汉语教师标准》（2012年版）

《通用规范汉字表》

3 术语和定义

下列术语和定义适用于本文件。

3.1 国际中文教育International Chinese Language Education

面向中文作为第二语言的学习者的教育。

［来源：GF0025—2021，2.1］

3.2 国际中文教师International Chinese Language Teachers

全球范围内所有从事中文作为第二语言教学的教师。

引　言

　　基于国际中文教育的发展变化和国际需求，根据《中华人民共和国教育法》和《中华人民共和国教师法》，在借鉴国内外国际中文教育标准、大纲和教师标准的基础上，结合国际中文教育特点，教育部中外语言交流合作中心与13个国家的12所高校、5个社会团体和10家企事业单位，联合制定了《国际中文教师专业能力标准》（以下简称"《标准》"），旨在为国际中文教师培养、培训、专业能力评价和认定、专业发展与职业规划等提供依据。

　　国际中文教师是全球范围内从事中文作为第二语言教学的专业人员，需要经过系统的培养与培训，使之具有良好的职业道德和专业素养，实现自身专业的持续发展。《标准》是对国际中文教师的基本专业要求，是国际中文教师实施教学的基本行为规范，是引领国际中文教师专业发展的基本准则，是基于教师资格标准，高于教师资格标准的倡议性标准。

前 言

本文件按照GB/T 1.1—2020《标准化工作导则 第1部分：标准化文件的结构和起草规则》的规定起草。

本文件由教育部中外语言交流合作中心提出。

本文件由世界汉语教学学会归口。

本文件为首次发布。

本文件起草单位：教育部中外语言交流合作中心、北京大学、北京语言大学、天津师范大学、北京师范大学国际中文教育学院、大连外国语大学国际中文教育实践与研究基地、华东师范大学国际汉语文化学院、华南师范大学东南亚中文教师教育学院、中国有色金属工业人才中心、民生教育集团、武汉领格教育科技有限公司、五洲汉风教育科技（北京）有限公司、五洲汉风网络科技（北京）有限公司、新航道中国故事研究院、中国通才教育集团有限公司、埃及开罗大学孔子学院、澳大利亚中文教师联会、菲律宾亚典耀大学孔子学院、韩国韩中文化协力研究院、柬埔寨皇家科学院国际中文教育学院、美国国际文教学会、美国考拉知道中文教育公司、南非德班理工大学孔子学院、日本青少年育成协会、泰国朱拉隆功大学孔子学院、西班牙汉语教师及教学协会、新加坡科思达教育集团、英国汉语教师协会。

本文件主要起草人：马箭飞、赵国成、宋永波、赵杨、丁安琪、冯丽萍、王添淼、张洁、李泉、吴勇毅、储诚志、古川裕、张新生、竹露茜、方欣欣、赵燕清、王冠一、罗艳、李亚男、于艳、杨琳静。

目　次

前　言／1

引　言／1

国际中文教师专业能力标准／1

  1　范围／1

  2　规范性引用文件／1

  3　术语和定义／1

  4　基本理念／2

  5　基本内容／2

  6　实施建议／5

附录A（规范性）国际中文教师专业能力分级认定规范／7

  A.1　评价指标／7

  A.2　认定标准／8

  A.3　认定范围／17

  A.4　认定方式／17

图书在版编目（CIP）数据

国际中文教师专业能力标准 . 汉意对照 / 世界汉语教学学会发布 . —北京：北京大学出版社，2024.4
ISBN 978-7-301-34892-5

Ⅰ.①国…　Ⅱ.①世…　Ⅲ.①汉语 – 对外汉语教学 – 教师 – 教学能力 – 能力培养 – 研究　Ⅳ.① H195

中国国家版本馆 CIP 数据核字 (2024) 第 052370 号

书　　　名	国际中文教师专业能力标准（中意对照）
	GUOJI ZHONGWEN JIAOSHI ZHUANYE NENGLI BIAOZHUN (ZHONG-YI DUIZHAO)
著作责任者	世界汉语教学学会　发布
责 任 编 辑	邓晓霞
意 文 校 对	Luca Paolucci　吴　菡
标 准 书 号	ISBN 978-7-301-34892-5
出 版 发 行	北京大学出版社
地　　　址	北京市海淀区成府路 205 号　100871
网　　　址	http://www.pup.cn　新浪微博：@ 北京大学出版社
电 子 邮 箱	zpup@pup.cn
电　　　话	邮购部 010-62752015　发行部 010-62750672　编辑部 010-62753334
印 刷 者	北京虎彩文化传播有限公司
经 销 者	新华书店
	889 毫米 ×1194 毫米　16 开本　3.75 印张　98 千字
	2024 年 4 月第 1 版　2024 年 4 月第 1 次印刷
定　　　价	32.00 元

未经许可，不得以任何方式复制或抄袭本书之部分或全部内容。
版权所有，侵权必究
举报电话：010-62752024　电子邮箱：fd@pup.cn
图书如有印装质量问题，请与出版部联系，电话：010-62756370

马箭飞 等著　Verzì Irene 译

国际中文教师专业能力标准
Standard delle competenze professionali per gli insegnanti di cinese per stranieri
（中意对照）

世界汉语教学学会发布

中国教育部中外语言交流合作中心认证

北京大学出版社

PEKING UNIVERSITY PRESS